AF551453

CHRISTINA NYBERG

# SCHWEDEN

—KOCHBUCH—

Alle Ratschläge in diesem Buch wurden vom Autor und vom Verlag sorgfältig erwogen und geprüft. Eine Garantie kann dennoch nicht übernommen werden. Eine Haftung des Autors beziehungsweise des Verlags für jegliche Personen-, Sach- und Vermögensschäden ist daher ausgeschlossen.

Copyright © 2024
Email: info@edition-lunerion.de
www.edition-lunerion.de

Alle Rechte, insbesondere das Recht der Vervielfältigung und Verbreitung der Übersetzung, vorbehalten. Kein Teil des Werkes darf in irgendeiner Form (durch Fotokopie, Mikrofilm oder ein anderes Verfahren) ohne schriftliche Genehmigung des Verlages reproduziert oder unter Verwendung elektronischer Systeme gespeichert, verarbeitet, vervielfältigt oder verbreitet werden.

Psiana eCom UG
Berumer Str. 44
26844 Jemgum

# Vorwort

Schwedische Küche kennen Sie vor allem aus dem Ikea-Restaurant? Sie fragen sich, ob es da neben Köttbullar, Zimtschnecken & Co. nicht vielleicht noch mehr zu entdecken gibt? Oder sind Sie beim Schweden-Urlaub bereits auf den Geschmack gekommen? Dann schnappen Sie sich dieses Kochbuch und erleben Sie selbst, mit welch großartiger Speisevielfalt das Land der Fjorde auftrumpfen kann!

Schlicht, elegant, raffiniert und einzigartig zugleich: Was hierzulande als grundsätzliches Merkmal skandinavischen Stils betrachtet wird, gilt ganz besonders für die schwedische Küche. Bodenständige, saisonale und regionale Zutaten, hochwertige Produkte, raffinierte Kochkunst, die den natürlichen Geschmack der Lebensmittel betont, und eine jahrhundertelang gewachsene Tradition der Zubereitung machen schwedischen Speisegenuss aus, der mühelos und elegant auch moderne Eindrücke integriert. So finden Sie in diesem Buch eine Riesenauswahl an unterschiedlichsten Schlemmereien, die für Fisch-, Fleisch- und Veggie-Fans reichlich Geschmacks-Highlights bereithält und von knackig-frischen Salaten über wärmende Suppen bis hin zu sättigenden Hauptgerichten und verführerischen Desserts keine Wünsche offenlässt.

*Guten Appetit!*

# INHALT

# Wissenswertes

Woran denken Sie, wenn Sie an Schweden denken? Knäckebrot und Möbelhäuser? Nun, mit Knäckebrot lagen Sie schon gar nicht so verkehrt. Aber das Land hoch im Norden, in dem die Anrede „Sie" nur für die Königsfamilie verwendet wird und das gemeinhin mit Offenheit und bodenständiger Naturverbundenheit assoziiert wird, hat weit mehr zu bieten als nur knackiges Brot.

Herzlich willkommen zu einer außergewöhnlichen Reise durch die vielfältige Welt der schwedischen Küche! Dieses Kochbuch entführt Sie in die Geheimnisse, Geschmäcker und Geschichten, die die schwedische Kulinarik so einzigartig machen.

Schwedische Gerichte sind eine Symphonie aus frischen Aromen, schlichter Eleganz und einer facettenreichen kulturellen Geschichte. In Schweden sind die Gerichte nicht nur Nahrung, sondern auch Ausdruck der Jahreszeiten und der Seele des Landes. Die Wertschätzung für saisonale und regionale Zutaten ist ein Grundpfeiler dieser Küche und trägt maßgeblich zur unvergleichlichen Authentizität und Vielfalt bei.

Die Zutaten sind meist einfach, aber nahrhaft und werden kreativ zusammengestellt. Langeweile gibt es in der schwedischen Küche nicht. Auch die althergebrachten Bräuche, die es in die Neuzeit geschafft haben, werden im ganzen Land aktiv gelebt, so werden Ihnen beim Blättern durch die Rezepte Begriffe wie „Smörgåsbord“ und „Fika“ begegnen.

Der legendäre Smörgåsbord ist eine Fülle an kalten und warmen Speisen, die zu festlichen Anlässen serviert wird – ein wahres Fest der Sinne und eine Hommage an die Bandbreite der schwedischen Kochtradition. Und nicht nur das: Viele Speisen, die beim Smörgåsbord serviert werden, lassen sich wunderbar vorbereiten und sind somit schnell serviert. So können auch Sie die Feier in vollen Zügen genießen und erfüllende, gemeinsame Stunden mit Ihren Gästen verbringen.

Fika hingegen ist weit mehr als eine Kaffeepause. Es ist ein heiliger Moment der Ruhe, bei dem Kaffee von köstlichen süßen Leckereien begleitet wird – eine soziale Tradition, die die Gemütlichkeit und Verbundenheit der schwedischen Kultur widerspiegelt.

Beim Einkaufen für Ihre eigenen schwedischen Küchenabenteuer empfehle ich Ihnen wärmstens, auf frische und hochwertige Zutaten zurückzugreifen. Die schwedische Küche lebt von der Einfachheit und Naturbelassenheit der verwendeten Produkte, sodass der wahre Geschmack unverfälscht zur Geltung kommt. Stöbern Sie auf Märkten nach saisonalen Früchten, Gemüse, frisch gefangenem Fisch und hochwertigem Fleisch. So stellen Sie sicher, dass Ihre Kreationen nicht nur authentisch, sondern auch geschmacklich unschlagbar sind.

Wer selbst gerne angelt, kann sich in der schwedischen Küche umfassend selbst verwirklichen. Natürlicher und bodenständiger geht es nicht. Genau das ist es, was die Küche Schwedens auszeichnet – Naturverbundenheit und Achtsamkeit.

Gewürze wie Dill, Preiselbeeren und Waldpilze verleihen den Gerichten einen einzigartigen Charakter, während traditionelle Zubereitungsmethoden das Erbe vergangener Generationen bewahren. Die schwedische Küche ist eine lebendige Verbindung zur Vergangenheit und zugleich ein Spiegelbild der Entwicklung des Landes.

Ein wesentlicher Teil dieser Reise sind die einzigartigen einheimischen Lebensmittel. Beim Durchblättern der Rezepte werden Sie auf Delikatessen wie Gravad lax (marinierter Lachs), Toast Skågen und Blåbärssoppa

(Blaubeersuppe) stoßen. Diese Leckereien zeugen von der reichen kulinarischen Tradition Schwedens.

Für die Überzahl der Zutaten, welche in diesen Rezepten verwendet werden, müssen Sie keine großen Mühen auf sich nehmen. Das meiste findet sich im gut sortierten Supermarkt. Wenn Sie Ihren Speisen „das gewisse Etwas“ verleihen wollen, empfehle ich Ihnen lokale Märkte, Feinkostläden und Lebensmittelgeschäfte mit Schwerpunkt auf skandinavischen Produkten. Dort finden Sie hochwertige und authentische schwedische Zutaten, die Ihre Gerichte zu etwas ganz Besonderem machen.

Wir laden Sie herzlich dazu ein, sich von den Rezepten in diesem Buch inspirieren zu lassen, Ihre Schürze anzulegen und die Aromen Schwedens in Ihrer eigenen Küche zum Leben zu erwecken. Möge dieses Buch nicht nur eine Sammlung von Rezepten sein, sondern auch ein Fenster in die Seele Schwedens und seiner kulinarischen Traditionen.

Bröd

# Brote

Die schwedische Brotkultur ist so vielfältig wie das Land selbst. Jede Region hat – auch ganz in Abhängigkeit der Jahreszeit – ihre eigenen Spezialitäten. Schwedische Brote und Brötchen mit einzigartigen Geschmacksrichtungen und Texturen unterscheiden sich teils stark voneinander. Zu den wohl beliebtesten Sorten zählen, abgesehen vom Knäckebrot, wohl Rågbröd, Karving und Limpa. Die nachfolgenden Rezepte sind nur eine kleine Auswahl aus der vielfältigen Palette der schwedischen Bäckereikunst. Sie können die Brote sehr einfach zu Hause nachbacken, eine normale Küchenausstattung ist ausreichend. Für alle, die gerne backen, ist die Anschaffung einer Rührmaschine empfehlenswert, da sie wesentlich leistungsstärker ist als ein Handrührgerät und zudem die Arbeit sozusagen „alleine“ verrichtet. Sie haben dann beide Hände frei, um während der Knetzeit etwas Anderes zu tun.

KNÄCKEBRÖD

# KLASSISCHES SCHWEDISCHES KNÄCKEBROT

Knäckebrot ist wohl eines der Lebensmittel, das am meisten mit Schweden assoziiert wird. Es handelt sich um dünne, knusprig-krosse Scheiben, die oft mit verschiedenen Samen und Körnern verfeinert werden. Es gibt sie sowohl in rechteckig, quadratisch und rund, wobei die runde Variante mit einem Loch in der Mitte der typisch schwedischen entspricht. Das Loch hatte einen rein praktischen Sinn, denn Plastiktüten gab es noch nicht und Blechdosen waren allenfalls höchst selten und so wurde das Brot einfach auf einen Holzstock gesteckt und in der Vorratskammer luftig aufgehängt. So konnte es nicht schimmeln. Heute eignen sich zur Aufbewahrung die oben erwähnten Blechdosen oder spezielle Knäckebrotdosen bestens. Tüten oder Kunststoffschüsseln sind suboptimal.

Knäckebrot ist bei richtiger Lagerung ausgesprochen lange haltbar und gilt daher als klassisches Vorratsbrot.

Wenn Sie dieses, in Schweden allseits beliebte Brot nachbacken möchten, nutzen Sie das nachfolgende Rezept und lassen Sie bezüglich der Dekoration mit Saaten und Kernen Ihrer Kreativität freien Lauf.

# KLASSISCHES SCHWEDISCHES KNÄ-CKEBROT

4 Port. 1 Tag Leicht

**Zutaten**

**Sauerteig**

40 g Roggenmehl 1150
40 g Wasser
4 g Anstellgut vom Roggensauerteig

**Hauptteig**

210 g Weizenmehl 550
50 g Roggenmehl 1150
170 g Buttermilch
15 g Honig (1 TL)
6 g Salz
5 g Frischhefe
nach Belieben Sonnenblumenkerne, Leinsamen oder Sesam zum Bestreuen
nach Belieben ½ TL Brotgewürz (gemahlener Kümmel, Koriander, Anis oder Fenchel)
Mehl für Hände und Arbeitsfläche

**Zusätzliches Equipment**

Rührmaschine
Nudelholz
Roggensauerteig-Anstellgut

1 Um den Sauerteig vorzubereiten, vermengen Sie in einer Schüssel das Roggenmehl gut mit dem Wasser und dem Anstellgut. Hierfür eignet sich wie bereits beschrieben eine Rührmaschine am besten, selbstredend können Sie auch ein Handrührgerät mit Knethaken verwenden. Den Sauerteig abgedeckt bei Raumtemperatur für ca. 15 Stunden reifen lassen.

2 Nach Ablauf der Reifezeit verkneten Sie alle Zutaten (bis auf die Kerne und Saaten) für den Hauptteig mit Hilfe der Rührmaschine in einer Schüssel zu einem homogenen Teig. Fügen Sie nun den zuvor angesetzten Sauerteig hinzu und verkneten Sie die Mischung für fünf Minuten, davon zwei Minuten mit einer langsamen, drei Minuten mit einer schnellen Rührstufe. Geben Sie den Teig in eine Schüssel, decken Sie diese mit einem Tuch ab und lassen Sie den Teig dort zunächst für 60 Minuten ruhen.

3 Danach folgt das erste „Dehnen und Falten". Stellen Sie hierfür die Schüssel vor sich, greifen Sie mit einer Hand „auf 12 Uhr" eine Seite des Teigs. Ziehen Sie ihn nun nach oben hin etwas in die Länge, in etwa dreimal so lang, wie der Teig im Durchmesser misst. Der Teig darf dabei nicht abreißen und auch nicht in der Mitte sanduhrförmig ausdünnen. Er behält quasi die ursprüngliche Breite, so wie er in der Schüssel lag.

4 Legen Sie nun das gezogene Ende auf „6 Uhr" ab. Drehen Sie die Schüssel um 90 Grad und wiederholen Sie den Vorgang. Insgesamt dehnen und falten Sie den Teig viermal pro Durchgang. Nun den Teig erneut für 30 Minuten ruhen lassen, danach das Dehnen und Strecken wiederholen. Hiernach für weitere 30 Minuten ruhen lassen.

**Nährwerte p. P. (1 Scheibe)**

*110 kcal*
*23 g Kohlenhydrate*
*4 g Eiweiß*
*1 g Fett*

5 Sobald die Ruhezeit verstrichen ist, heizen Sie den Backofen auf 230 °C Ober-/Unterhitze vor. Entnehmen Sie den Teig aus der Schüssel und teilen Sie ihn in zehn gleich große Teile von etwa 55 g. Möchten Sie elf Brote erhalten, so wiegen Sie pro Teigling etwa 49 g ab. Formen Sie die Teiglinge zu schönen Kugeln. Die Teigkugeln für zehn Minuten ruhen lassen.

6 Bemehlen Sie Ihre Hände und die Arbeitsfläche und rollen Sie die Teiglinge mittels eines Nudelholzes zu einem sehr dünnen, kreisrunden Fladen von etwa 16 cm Durchmesser aus. Stechen Sie in der Mitte ein Loch von ca. 4 cm Durchmesser aus. Hierfür eignet sich ein Glas, dessen Rand Sie vor dem Ausstechen bemehlen sollten. Beachten Sie, dass der Teigfladen nicht reißen darf und eine gleichmäßige Stärke aufweisen sollte. Stechen Sie nun mit einer Gabel ein paar Löcher in die Teigfladen und legen Sie sie auf ein mit Backpapier ausgelegtes Backblech. Sie sollten zwischen den Teigfladen genug Platz lassen. Schieben Sie das Blech auf die mittlere Stufe in den Backofen und backen Sie das Knäckebrot für 8 - 10 Minuten ohne Dampf. Da die Brote sehr dünn sind, sollten Sie darauf achten, dass sie nicht zu schnell zu dunkel werden.

7 Reduzieren Sie nun die Hitze auf 100 °C und backen Sie das Knäckebrot für 30 – 45 Minuten bei leicht geöffneter Ofentür so lange, bis es komplett trocken und knusprig ist. Sie können zum Aufhalten der Ofentür einen Kochlöffel hineinklemmen, damit die Feuchtigkeit entweichen kann. Modernere Öfen haben hierfür ein spezielles Programm.

8 Wenn das Knäckebrot fertig ist, entnehmen Sie das Backblech und warten Sie, bis es abgekühlt ist. Erst dann sollten Sie es vom Blech nehmen.

Lagern Sie das Knäckebrot ausgekühlt in Dosen oder hängen Sie es ganz traditionell auf einen Holzstab.

SIRAPSLIMPA

# SCHWEDISCHES SÜSSLICHES ROGGENBROT

2 Laibe (10 Scheiben pro Laib)

30 Min. + 1,5 Std. Ruhezeit + 45 Min. Backzeit

Leicht

## Zutaten

400 g Roggenmehl
600 g Weizenmehl 550
1 Packung Hefe
600 ml Wasser, lauwarm
50 ml Öl
100 ml Zuckerrübensirup, nach Möglichkeit die hellere Sorte
2 TL Salz

## Nährwerte p. 100 g

*250 g kcal*
*50 g Kohlenhydrate*
*6 g Eiweiß*
*3 g Fett*

1 Bröseln Sie die Hefe in eine Schüssel und lösen Sie die Hefebrösel in etwas Wasser auf. Nun in einer weiteren Schüssel das restliche Wasser, das Öl, den Sirup, das Salz und das Roggenmehl verkneten, die aufgelöste Hefe hinzufügen und weiterkneten. Etwas von dem Weizenmehl hinzugeben und abermals gründlich verkneten. Bei Bedarf kann mehr Weizenmehl genommen werden, bis der Teig eine typische Konsistenz aufweist. Die Köchin Leila Lindholm sagt, er soll weich wie ein Babybauch sein, nicht hart wie Knete.

2 Legen Sie ein Tuch über die Schüssel und lassen Sie den Teig bei Zimmertemperatur für etwa eine Stunde ruhen. Er muss im Anschluss sein Volumen verdoppelt haben. Heizen Sie den Backofen auf 200 °C Ober-/Unterhitze vor. Kneten Sie den Teig erneut durch, teilen Sie den Teigrohling in zwei Hälften und formen Sie diese jeweils zu länglichen Brotlaiben. Streichen Sie zwei Brotformen mit Butter aus, geben Sie je einen Teigling hinein und lassen Sie ihn nochmals für 30 Minuten gehen.

3 In der Zwischenzeit verrühren Sie etwas Zuckerrübensirup mit Wasser und bepinseln Sie die Teiglinge mit der entstandenen Glasur.

4 Backen Sie das Brot für ca. 45 Minuten auf mittlerer Schiene, pinseln Sie es nun nochmals mit der Zuckerrübenglasur ein.

5 Nach Ablauf der Backzeit stürzen Sie die Brote auf ein Kuchengitter, sodass sie besser abkühlen können. Bestreichen Sie sie nun ein letztes Mal mit der Zuckerrübenglasur und lassen Sie die Brotlaibe gut abkühlen.

**Tipp:** Selbstverständlich können Sie die Menge der Zutaten auch halbieren und nur ein Brot backen.

## TUNNBRÖD

# SCHWEDISCHES FLADENBROT

Tünnbröd, übersetzt so viel wie „Dünnbrot", ist ein dünnes, weiches Fladenbrot, das oft für Wraps oder Sandwiches verwendet wird. Es gibt verschiedene Sorten, die in der Größe und den verwendeten Mehlsorten variieren. Das üblicherweise verwendete Gerstenmehl sorgt für einen leicht nussigen Geschmack dieser Fladenbrote und sorgt gleichzeitig dafür, dass sie zart und weich bleiben, weshalb die Verwendung unabdingbar ist. Etwas Skyr sorgt zusätzlich für ein besonderes Mundgefühl und eine leichte Frische. Tunnbröd reicht man zu Suppen oder zum Dippen von beispielsweise Hummus. Besonders lecker ist Tunnbröd, wenn man damit die gleichnamigen „Tunnbrödsrulle", einen Wrap mit Bratwurst, Kartoffelpüree, Shrimpssalat, Röstzwiebeln, Ketchup und Senf zubereitet.

Sollten Sie nicht vorhaben, das Tünnbröd frisch zu verarbeiten, frieren Sie es am besten ein. Es empfiehlt sich nicht, Tunnbröd länger zu lagern, da es sonst an Konsistenz und Geschmack einbüßt.

Hier stellen wir Ihnen eine intensiv-geschmackvolle Variante mit frischem Rosmarin und Thymian vor. Es handelt sich hier um ein Tassenrezept, wir haben hierfür die Größe von handelsüblichen Service-Kaffeetassen angenommen. Sollten Sie eine andere Größe verwenden, passen Sie die Zutaten dementsprechend an. In diesem Rezept arbeiten wir außerdem mit Instanthefe, deren Verwendung wir Ihnen an dieser Stelle besonders ans Herz legen, da sie in diesem Fall einfacher zu verarbeiten und gelingsicherer ist als Frischhefewürfel.

# SCHWEDISCHES FLADENBROT

8 Fladenbrote

25 Min. + 60 Min. Ruhezeit

Leicht

## Zutaten

2 Tassen Weizenmehl
¾ Tasse Gerstenmehl
1 ½ TL Instant-Hefe
1 TL feines Meersalz
1 TL Zucker
1 Tasse lauwarmes Wasser
¼ Tasse Skyr
1 EL Rapsöl für den Teig, weiteres Rapsöl zum Bestreichen der Pfanne
2 EL gehackten frischen Rosmarin und Thymian
2 EL ungesalzene Butter, geschmolzen
grobes Salz zum Bestreuen
Mehl für Hände und Arbeitsfläche

## Besonderes Equipment:

Rührmaschine
ein geriffeltes Nudelholz („Kruskavel") alternativ ein Holzstäbchen

## Nährwerte p. P. (1 Fladen)

*66 kcal*
*8 g Kohlenhydrate*
*3 g Eiweiß*
*3 g Fett*

1 Geben Sie alle trockenen Zutaten (auch das Salz) in eine Schüssel und mischen Sie den Schüsselinhalt mit Hilfe eines Koch- oder Esslöffels, bis sich alles gleichmäßig verteilt hat. Nehmen Sie nun eine zweite Schüssel und vermengen Sie dort den Skyr, das Öl und das Wasser zu einer homogenen Creme. Fügen Sie nun den Inhalt beider Schüsseln zusammen und verkneten Sie die Zutaten mittels eines Rührgeräts mit Knethaken zu einem geschmeidigen Teig. Beginnen Sie drei Minuten auf mittlerer Stufe, fügen Sie die Kräuter hinzu. Erhöhen Sie dann auf die höchste Stufe und kneten Sie den Teig für weitere drei Minuten gründlich durch. Zum Ende hin sollte der Teig weder am Knethaken noch an der Schüssel kleben bleiben, dann hat er die richtige Konsistenz.

2 Bestreichen Sie nun das Innere einer Schüssel mit Öl und geben Sie den Teig für eine Stunde zum Ruhen dort hinein. Idealerweise bedecken Sie die Schüssel mit Frischhaltefolie. Nach Ablauf der Ruhezeit entnehmen Sie den Teig und teilen ihn in acht gleich große Stücke. Nehmen Sie sich zum Weiterverarbeiten eine Teigkugel nach der anderen vor, belassen Sie die übrigen in der abgedeckten Schüssel.

3 Bemehlen Sie jetzt Ihre Arbeitsfläche und bestreichen Sie die Pfanne dünn mit etwas Öl. Walken Sie mit einem Nudelholz je eine Teigkugel zu einem dünnen, kreisrunden Fladen aus. Rollen Sie am Ende einmal mit dem Kruskavel darüber, alternativ stechen Sie einige Löcher mit Hilfe des Holzspießes in den Fladen. Lösen Sie den Fladen von der Arbeitsfläche und geben Sie ihn sogleich in die zuvor erhitzte Pfanne (mittlere Hitze). Braten Sie den Fladen je eine Minute pro Seite. Achten Sie darauf, dass er nicht zu viel Farbe annimmt.

4 Nehmen Sie den fertigen Fladen aus der Pfanne, bestreichen Sie ihn mit der geschmolzenen Butter und streuen Sie die Salzflocken darauf. Verfahren Sie mit den übrigen sieben Teigbällchen ebenso. Zum Abkühlen legen Sie die Fladen auf ein Kuchengitter oder ein Holzbrett und bedecken sie mit einem Küchentuch. Genießen Sie die lauwarmen Fladen sofort oder frieren Sie sie ein.

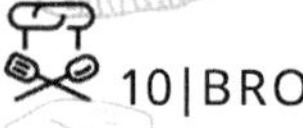

## KAVRING

# ROGGEN-GEWÜRZBROT

Bei Kavring handelt es sich um ein saftiges dunkles Roggenbrot, das oft mit Sirup (z. B. Mörk Sirap) und Gewürzen wie Fenchel, Kümmel, Anis und/oder Kardamom gebacken wird. Im Gegensatz zu anderen Broten enthält es keine Hefe, sondern wird durch eine Mischung von Backpulver und Natron besonders fluffig. Es wird typischerweise zum Frühstück oder zur Fika serviert. Man kann es sowohl herzhaft mit Lachs, Butter oder Schinken belegen oder süß mit Fruchtaufstrich oder Honig genießen.

Kavring hält sich bei Zimmertemperatur im Brotkasten ca. fünf Tage. Es lässt sich aber ebenso gut einfrieren.

# ROGGEN-GEWÜRZBROT

1 Kastenbrot (16 Scheiben)

20 Min. + 90 Min. Backzeit

Leicht

**Zutaten**

200 g Weizenmehl
200 g Roggenmehl
1 TL Salz
1 TL Backpulver
1 TL Natron
150 ml Milch
100 ml schwedischer dunkler Backsirup (z. B. Mörk Sirap von Dan Sukker) oder helle Melasse

**Nährwerte p. P. (1 Scheibe)**

*113 kcal*
*24 g Kohlenhydrate*
*3 g Eiweiß*
*1 g Fett*

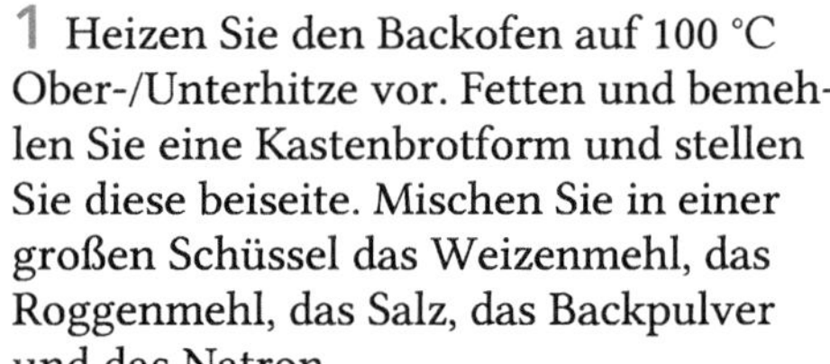

1 Heizen Sie den Backofen auf 100 °C Ober-/Unterhitze vor. Fetten und bemehlen Sie eine Kastenbrotform und stellen Sie diese beiseite. Mischen Sie in einer großen Schüssel das Weizenmehl, das Roggenmehl, das Salz, das Backpulver und das Natron.

2 Gießen Sie nun die Milch und den Backsirup in die Mehlmischung. Verkneten Sie die Zutaten zu einem geschmeidigen Teig. Achten Sie darauf, den Teig nicht übermäßig zu rühren, nachdem Sie die Milch und den Sirup hinzugefügt haben. So stellen Sie sicher, dass das Brot später seine köstlich zarte Konsistenz behält.

3 Geben Sie den Teig in die vorbereitete Backform. Stellen Sie die Form in den Ofen und backen Sie das Brot für ca. 60 Minuten. Erhöhen Sie jetzt die Hitze auf 150 °C und backen Sie es eine weitere Stunde. Nehmen Sie die Form aus dem Ofen und lassen Sie das Brot etwa 30 Minuten abkühlen, bevor Sie es auf ein Drahtgitter stürzen. Vor dem Servieren vollständig auskühlen lassen.

## VÖRTBRÖD MED RUSSIN

# MALZBROT MIT ROSINEN

Ein traditionelles Weihnachtsbrot, auch bekannt als Vörtslimpa, war ursprünglich ein Arme-Leute-Essen. Die vielen Gewürze im Brot waren nicht allein aus Gründen des Geschmacks enthalten. Vielmehr haben sie auch eine antibakterielle Wirkung, was das Brot länger haltbar machen sollte.

Vörtbröd wurde traditionell in runder Form gebacken und mit einem Kreuz auf der Oberfläche versehen, um es leichter in Teile zu schneiden. Heute wird es oft in länglichen Laiben gebacken.

Es ist üblich, Vörtbröd während der Weihnachtszeit in Schweden zu genießen, sowohl als Beilage zu traditionellen Weihnachtsgerichten wie Julskinka (Weihnachtsschinken) als auch als Grundlage für Sandwiches mit Belägen wie Gravad lax oder Kalles Kaviar, einer schwedischen Kaviarcreme.

Durch die Zugabe von englischem Porter-Dunkelbier erhält es seine dunkle Farbe und einen charakteristischen Geschmack. Wenn Sie auf Alkohol verzichten möchten, greifen Sie zu einem hochwertigen Malzbier. In dieser Rezeptvariante wird die lebendige Gewürznote durch die Süße von Rosinen ergänzt.

# MALZBROT MIT ROSINEN

2 kl. Laibe (ca. 20 Scheiben).

40 Min. + 1 Std. 40 Min. Gehzeit und 30 Min. Backzeit

Leicht

**Zutaten**

**Für den Teig:**

300 ml Porter (Dunkelbier) alternativ Malzbier
50 g frische Hefe
360 g Weizenmehl
100 g Rosinen
100 ml Wasser (zum Einweichen der Rosinen)
50 ml Rapsöl
100 ml dunkler Sirup (Mörk Sirap)
220 g Roggenmehl
¾ EL Salz

**Zusätzliches Equipment:**

2 Kastenbrotformen

**Für die Gewürzmischung:**

1 gestr. EL Fenchelsamen, gemahlen
1 gestr. EL Anis, gemahlen
½ EL Bitterorangenschalen, gemahlen
1 TL Nelken, gemahlen
½ TL Zimt, gemahlen
½ TL Ingwer, gemahlen
Alternativ dazu: 1 Päckchen „Vörtmix" (75 g)

1 Erwärmen Sie das Porterbier in einem Topf auf 37 °C.

2 Zerbröseln Sie die Hefe in einer Schüssel, fügen Sie das noch warme Porterbier und die Gewürzmischung hinzu und verrühren Sie die Zutaten so lange miteinander, bis die Hefe sich vollständig aufgelöst hat.

3 Bereiten Sie mit Hilfe einer Rührmaschine mit Knethaken einen Teig zu, indem Sie nach und nach das Weizenmehl in die Hefemischung einrühren. Kneten Sie den Teig bei niedriger Geschwindigkeit für insgesamt zehn Minuten. Bedecken Sie anschließend die Schüssel mit einem Küchentuch und lassen Sie den Teig für ca. 30 Minuten bei Zimmertemperatur gehen. Unterdessen können Sie die Rosinen in Wasser einweichen. Fetten Sie die beiden Backformen.

4 Fügen Sie nach Ablauf der Gehzeit das Rapsöl, das Salz, den dunklen Sirup und das Roggenmehl zum Hefeteig hinzu und verkneten Sie die Zutaten in der Küchenmaschine für weitere 15 Minuten bei mittlerer Geschwindigkeit.

5 Gießen Sie das Wasser von den Rosinen ab und heben Sie sie mit einem Kochlöffel unter den Teig.

6 Stürzen Sie den Teig auf eine bemehlte Arbeitsfläche. Teilen Sie den Teig in zwei gleich große Teile. Formen Sie diese zu runden Bällen und lassen Sie sie zehn Minuten ruhen. Formen Sie die Teiglinge nun zu zwei Laiben und legen Sie sie in die gefetteten Brotformen. Lassen Sie sie bei Raumtemperatur etwa eine Stunde lang auf das doppelte Volumen aufgehen.

7 Heizen Sie den Backofen auf 250 °C Ober-/Unterhitze vor.

**Zum Bestreichen:**

50 ml Sirup (Mörk Sirap)
2 EL Wasser

**Nährwerte p. P. (1 Scheibe)**

*119 kcal*
*24 g Kohlenhydrate*
*3 g Eiweiß*
*1 g Fett*

8 Backen Sie das Brot auf mittlerer Schiene für fünf Minuten. Senken Sie die Temperatur nach Ablauf der Zeit auf 200 °C. Backen Sie die Brote für weitere 25 Minuten oder falls Sie ein Kernthermometer zur Hand haben, bis die Kerntemperatur der Brote 98 °C erreicht hat. Nehmen Sie nun die fertigen Brote aus dem Ofen und legen Sie sie zum Abkühlen auf ein Kuchengitter.

9 Erwärmen Sie den Sirup mit dem Wasser in einem Topf. Bestreichen Sie das warme Brot mit dem Sirupwasser. Anschließend gut abkühlen lassen und möglichst frisch servieren.

FILMJÖLKSLIMPA

# ROGGEN-SAUERMILCHBROT

Filmjölkslimpa wird mit schwedischer Sauermilch (Filmjölk) gebacken und enthält, wie viele andere schwedische Brote, aromatische Gewürze. Die Zutatenliste ist sehr variabel. Die schwedische Starköchin Leila Lindholm fügt beispielsweise noch getrocknete Aprikosen und Rosinen hinzu. Sie können auch mit den Gewürznoten ganz nach Ihrem Gusto variieren. Trauen Sie sich, das Rezept mutig zu verändern. Dank der Mengenangaben in Milliliter ersparen Sie sich in diesem Rezept das Abwiegen. Zudem entfällt jegliche Geh- oder Ruhezeit, was das Filmjölkslimpa zu einem echten Blitzrezept macht.

# ROGGEN-SAUERMILCHBROT

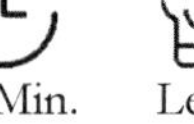

1 Laib (ca. 12 Scheiben) | 10 Min. + 45 Min. Backzeit | Leicht

**Zutaten**

450 ml Filmjölk oder Kefir/Buttermilch
100 ml dunkler Sirup (Mörk Sirap)
100 ml Weizenschrot
100 ml Roggenschrot
100 ml grobe Haferflocken
250 ml grobes Roggenmehl
300 ml Weizenmehl
100 ml Leinsamen
100 ml Sonnenblumenkerne
100 ml Haselnüsse, grob gehackt
1 ½ TL Salz
1 ½ TL Natron
1 ½ TL Backpulver
½ TL Anis
½ TL Koriander
½ TL Fenchelsamen
½ TL Kümmel
Haferflocken zum Bestreuen

**Nährwerte p. P. (1 Scheibe)**

*401 kcal*
*54 g Kohlenhydrate*
*13 g Eiweiß*
*14 g Fett*

1 Heizen Sie den Backofen auf 200 °C Ober-/Unterhitze vor und fetten Sie eine Kastenbackform ein. Vermengen Sie zunächst mit einem Schneebesen die Filmjölk und den Sirup in einer Schüssel zu einer glatten Creme.

2 Vermischen Sie nun in einer zweiten Schüssel alle anderen trockenen Zutaten mit Hilfe eines Löffels. Bestücken Sie eine Rührmaschine mit einem Knethaken und verkneten Sie den Inhalt beider Schüsseln zu einem gleichmäßigen, geschmeidigen Teig.

3 Geben Sie den Teig in die Kastenbackform und bestreuen Sie ihn nach Belieben mit den Haferflocken. Backen Sie das Brot auf mittlerer Schiene im Backofen für ca. 45 Minuten.

GOTLANDSBRÖD

# KLASSISCHES GOTLANDBROT

Gotlandbrot stammt, wie der Name bereits vermuten lässt, von der Insel Gotland, wo es schon seit dem Mittelalter gebacken wird. In der Vergangenheit hatte Gotlandsbröd oft eine rituelle Bedeutung und wurde beispielsweise bei Hochzeiten oder anderen festlichen Anlässen gebacken. Das Brot wird aus geschrotetem Roggen und Sauerteig hergestellt und enthält in der Regel Orangenschalen, welche ihm die charakteristisch fruchtig-herbe Note verleihen. Es wird oft mit verschiedenen Belägen wie Garvad Lax, eingelegtem Hering, Käse, Aufschnitt, Butter oder Marmelade serviert und ist eine vielseitige Beilage für viele Mahlzeiten.

# KLASSISCHES GOTLANDBROT

| 1 Laib (ca. 10 Scheiben) | 10 Min. + 45 Min. Backzeit | Mittel |
|---|---|---|

**Zutaten**

**Tag 1:**

100 g Roggenmehl
90 g Weizenmehl
25 ml Anstellgut Roggensauerteig
300 ml kochendes Wasser
1 große getrocknete Pomeranzenschale - große Stücke
Wasser zum Aufgießen der Pomeranzenschalen

**Tag 2:**

100 ml kochendes Wasser
25 g Hefe
50 ml Wasser
1 TL Anissamen
1 TL Fenchelsamen
2 EL Rohrzucker
125 g Weizenmehl
5 g Salz
50 ml dunkler Sirup (Mörk Sirap)
Mehl für Hände und Arbeitsfläche

**Tag 1:**

1 Setzen Sie die Basis für das Brot an. Hierfür vermengen Sie das Roggenmehl, das Weizenmehl und den Roggensauerteig in einer Schüssel. Gießen Sie das kochende Wasser über die Mischung und verkneten Sie die Zutaten mittels einer Rührmaschine mit Knethaken zu einem glatten Teig. Decken Sie die Schüssel mit Frischhaltefolie ab und lassen Sie den Teig ca. 15 Stunden ruhen.

2 Legen Sie die Orangenschalen in einen kleinen Topf und bedecken Sie sie vollständig mit Wasser. Köcheln Sie die Schalenstücke für etwa 30 Minuten. Nehmen Sie die Schalen heraus und schneiden Sie mit einem scharfen Messer das Weiße von der Unterseite der Schalen ab. Hacken Sie die Schalen fein und packen Sie sie in einen Gefrierbeutel.

**Tag 2:**

1 Gießen Sie 100 ml heißes Wasser über den Teig, den Sie am vorigen Tag angesetzt haben, und kneten Sie diesen mit einer Küchenmaschine mit Knethaken für ca. zwei Minuten. Zerbröseln Sie die Hefe in einer kleinen Schüssel, gießen Sie 50 ml heißes Wasser auf und rühren Sie so lange, bis sich die Hefe vollständig aufgelöst hat. Mörsern Sie die Gewürze und fügen Sie die Pomeranzenschalen hinzu.

2 Geben Sie die genannten Zutaten zusammen mit dem Rohrzucker und den übrigen 125 g Weizenmehl zu dem Teig, der sich in der Rührschüssel befindet.

**Nährwerte p. P. (1 Scheibe)**

*401 kcal*
*54 g Kohlenhydrate*
*13 g Eiweiß*
*14 g Fett*

3 Kneten Sie ihn fünf Minuten lang durch, bis er eine geschmeidige Konsistenz hat. Decken Sie die Schüssel mit dem Teig mit einem Geschirrtuch ab und lassen Sie ihn 45 Minuten lang bei Zimmertemperatur aufgehen.

4 Nach Ablauf der ersten Ruhezeit fügen Sie das Salz, den dunklen Sirup und so viel Weizenmehl hinzu, dass der Teig fest, aber noch klebrig ist. Decken Sie die Teigschüssel mit einem Geschirrtuch ab und lassen Sie ihn weitere 45 Minuten bei Raumtemperatur gehen.

5 Bemehlen Sie Ihre Arbeitsfläche und legen Sie Backpapier auf ein Backblech. Nehmen Sie nach Ablauf der Ruhezeit den Teig aus der Schüssel und teilen Sie ihn in zwei Teile. Formen Sie diese jeweils zu runden Bällen und legen Sie sie auf das Backblech. Lassen Sie die Teigkugeln eine Stunde lang unter einem Tuch aufgehen. Drücken Sie nun mit der flachen Hand ein klein wenig auf die Kugeln, sodass sie ein bisschen flacher werden. Aber nicht zu viel!

6 Heizen Sie den Ofen auf 250 °C Ober-/Unterhitze vor und legen Sie idealerweise einen Backstein in die Mitte des Ofens.

7 Schieben Sie das Backblech auf der mittleren Schiene des Ofens ein, gießen Sie etwas Wasser auf den Boden des Ofens bzw. den Backstein, schließen Sie die Ofentür und reduzieren Sie die Ofentemperatur auf 200 °C.

8 Backen Sie die Brote 50 Minuten, schalten Sie den Ofen aus und lassen Sie die Brote weitere zehn Minuten bei geschlossener Tür darin stehen.

9 Nach dem Herausholen wickeln Sie die fertigen Brotlaibe in Geschirrtücher, bis sie abgekühlt sind. Legen Sie die Brote in einen Plastikbeutel und schneiden Sie sie idealerweise erst am nächsten Tag an.

Frukost

# Frühstück

Das schwedische Frühstück ist so bunt wie vielfältig und bildet einen Querschnitt aus herzhaften, süßen und gesunden Komponenten ab. Gefrühstückt wird alles, was die Natur und der Stall je nach Jahreszeit hergeben und auch zu Großmutters Zeiten schon hergegeben haben.

Als Brotbelag wählt man Käse wie den cremigen „Gräddost“ oder den pikanten „Västerbottensost“. Der Västerbottensost ist in Schweden übrigens so bekannt und beliebt wie der Parmesan in Italien. Er ist aus der schwedischen Kulinarik kaum wegzudenken. Man kennt ihn landauf, landab. Seinen Namen verdankt er der nordschwedischen Region Västerbotten.

Sein Geschmack gilt als außergewöhnlich. Er schmeckt nach Milchzucker mit einer leichten Säure. Durch die enthaltenen Bitterstoffe wird er auch als spritzig oder „auf der Zunge prickelnd“ beschrieben. Västerbottensost reift ca. 18 Monate. Er wird noch heute in der gleichen Meierei produziert wie einst 1872, als er durch einen bloßen Zufall entstand. Heute ist er sogar durch die EU-Herkunftsbezeichnung markenrechtlich geschützt.

Ebenso beliebt auf dem Tisch ist Schinken – gekocht oder geräuchert – und gekochte Eier sowie das stets geschätzte Rührei. Geräucherter Lachs zu Brot oder Knäckebrot darf hier ebenfalls nicht fehlen.

Zu einer ausgewogenen Frühstückstafel gehören überdies frische, saisonale Beeren, welche man mit Vorliebe zu „Kesella“ (schwedischem Quark) oder Skyr reicht. Als beliebtes Topping werden Nüsse und Honig genutzt. Sie sehen: Die heutzutage trendigen „Bowls“ gibt es in Schweden schon seit langer Zeit und das aus gutem Grund – vereinen sie doch Eiweiß mit Vitaminen, Mineralien und Fett, welches damals mehr als heute Energie für die schwere Feldarbeit des Tages liefern musste.

Wussten Sie eigentlich, dass in Schweden nicht jeder ein eigenes Frühstücksmesser bekommt? Vielmehr gibt es einen großen Topf mit der typisch weichen Butter, welche man traditionell mit einem Holzmesser entnimmt. Dieses Messer steht jedem zur Verfügung. Belegt wird das Brot dann anschließend ganz nach eigenem Geschmack.

Mit den nachfolgenden Rezepten wollen wir Sie inspirieren, Ihren Frühstücksgewohnheiten einen neuen Twist zu verleihen und stellen Ihnen einen Querschnitt der typischen Frühstücksküche vor.

HAVREGRYNSGRÖT

# HAFERBREI MIT BEEREN, NÜSSEN UND HONIG

Schwedischer Haferbrei, wörtlich übersetzt heißt er Hafergrütze, hat so viele Varianten, wie Herde in Schweden stehen, so sagt man. Jede Familie hat ihr eigenes Hafergrützenrezept. Manch einer mag sie etwas flüssiger, der andere etwas fester. Man kann sie nur mit Milch, nur mit Wasser oder einem Gemisch aus beidem kochen. Sonntags wird sie häufig mit Sahne verfeinert. Schlicht und lecker wird sie mit einem Klecks Apfelmus oder Preiselbeermarmelade. Auch Zimt ist eine beliebte Zutat.

Hier stellen wir Ihnen ein Rezept vor, das vor allem durch seinen frischen Charakter und seine reichhaltigen Vitamine besticht.

# HAFERBREI MIT BEEREN, NÜSSEN UND HONIG

1 Port.

15 Min.

Leicht

**Zutaten**

50 g großblättrige Haferflocken
200 ml Vollmilch
2 EL warme Milch zum Servieren
1 EL frische Himbeeren
1 EL frische Blaubeeren
¼ roter Apfel, gewaschen und mit Schale
1 EL Honig
1 EL Mandelstifte
1 Prise Salz oder Meersalz

**Zusätzliches Equipment:**

Nach Bedarf Stabmixer

**Nährwerte p. P.**

*538 kcal*
*71 g Kohlenhydrate*
*17 g Eiweiß*
*19 g Fett*

1 Waschen Sie die Beeren und den Apfel, entfernen Sie das Kerngehäuse. Schneiden Sie den Apfel mit Schale in kleine Stücke. Erhitzen Sie eine Pfanne ohne Öl und rösten Sie darin die Mandelstifte, bis sie zu duften beginnen. Sie sollten nicht zu dunkel werden.

2 Erwärmen Sie die Milch mit einer Prise Salz langsam in einem Topf und rühren Sie die Haferflocken ein. Köcheln Sie den Haferbrei für etwa drei Minuten bei mittlerer Hitze. Rühren Sie stets gut um, um ein Anbrennen zu verhindern. Nehmen Sie etwas Hitze weg, sodass der Brei eindicken kann, bis er die gewünschte Konsistenz hat. Nach Bedarf können Sie den Haferbrei mit einem Stabmixer pürieren.

3 Wärmen Sie ein Müslischälchen vor, beispielsweise in der Mikrowelle. Geben Sie dazu einen Esslöffel Wasser in das Schälchen und stellen Sie es für 1 – 2 Minuten bei 700 Watt in die Mikrowelle. Leeren Sie das Schälchen und füllen Sie nun den noch warmen Haferbrei hinein. Gießen Sie die warme Milch hinzu, dekorieren Sie den Brei mit den Beeren, dem Apfel und den Mandelstiften. Toppen Sie die Havregrynsgröt mit dem Honig und bringen Sie sie noch warm zu Tisch.

RAGGMUNK MED BACON OCH LINGONSYLT

# KARTOFFELPFANNKUCHEN MIT BACON UND PREISELBEERMARMELADE

Raggmunk, auch Rårakor genannt, sind in Schweden ein äußerst beliebtes Gericht, welches eigentlich zu allen Tageszeiten serviert werden kann. Es ist unseren Kartoffelpfannkuchen sehr ähnlich, jedoch spiegelt sich im Zusammenspiel zwischen süßen und herzhaften Aromen die typisch schwedische Küche wider. Dieses Rezept ist am frühen Morgen nicht nur eine Geschmacksexplosion, sondern dank der vielen Farben auch ein Genuss für die Augen.

# KARTOFFELPFANNKUCHEN MIT BACON UND PREISELBEERMARMELADE

1 Port.

30 Min.

Leicht

**Zutaten**

200 g mehligkochende Kartoffeln
25 g Bacon
38 ml Vollmilch
1 Ei
25 g Mehl
15 g ungesalzene Butter
2 EL Preiselbeermarmelade
frische Petersilie und frischen Dill zum Garnieren
Salz und frisch gemahlener bunter Pfeffer

**Zusätzliches Equipment:**

Reibe

**Nährwerte p. P.**

*460 kcal*
*54 g Kohlenhydrate*
*13 g Eiweiß*
*20 g Fett*

1 Heizen Sie den Backofen auf 160 °C Ober-/Unterhitze vor. Legen Sie ein Backblech mit Backpapier aus und breiten Sie den Bacon darauf aus. Backen Sie die Baconstreifen für 20 Minuten auf mittlerer Schiene knusprig.

2 Schälen Sie unterdessen die Kartoffeln. Mischen Sie in einer Schüssel eine Prise Salz und die Milch und quirlen Sie das Ei hinein. Sieben Sie das Mehl in die Schüssel und vermengen Sie die Zutaten gründlich. Reiben Sie nun die rohen, geschälten Kartoffeln in die Schüssel. Verkneten Sie den Teig und würzen Sie nach Belieben mit Salz und Pfeffer.

3 Schmelzen Sie in einer großen Pfanne die Butter und geben Sie je eine Kelle Teig in die Pfanne, je nachdem, wie groß Sie Ihre Pfannkuchen wünschen. Achten Sie darauf, dass die Pfanne nicht zu voll wird. Backen Sie die Pfannkuchen je vier Minuten pro Seite goldbraun aus und legen Sie sie zum Abtropfen kurz auf Küchenkrepp.

4 Waschen und hacken Sie die Petersilie und den Dill und nehmen Sie die Baconstreifen aus dem Ofen. Legen Sie die Pfannkuchen auf einen Teller, geben Sie die Preiselbeermarmelade in Klecksen auf die Pfannkuchen, legen Sie den Bacon darauf und garnieren Sie alles mit den frischen Kräutern.

ÄGGRÖRA MED LAX OCH DILL

# RÜHREI MIT LACHS UND DILL

1 Port. 15 Min. Leicht

**Zutaten**

Für das Ei:
2 Eier
1 EL Milch
1 TL Butter
1 Prise Salz
1 Prise gemahlener schwarzer Pfeffer
1 Scheibe kalter geräucherter Lachs
1 EL gehackter Schnittlauch
gehackter frischer Dill sowie Ästchen vom Dill zum Garnieren

**Für das Brot:**

1 Scheibe Knäckebrot, vorzugsweise Körnerknäcke
1 TL Frischkäse
½ Tomate, in Scheiben geschnitten
gehackter frischer Schnittlauch
Salz und frisch gemahlener Pfeffer

## Nährwerte p. P.

*169 kcal*
*5 g Kohlenhydrate*
*12 g Eiweiß*
*12 g Fett*

1 Verquirlen Sie die Eier mit der Milch, dem Salz und dem Pfeffer in einer Schüssel oder mit Hilfe eines Shakers. Der Shaker bietet den Vorteil, dass er viel Luft unter die Eimasse bringt, was das Rührei wunderbar fluffig macht.

2 Erhitzen Sie eine Pfanne und schmelzen Sie die Butter darin. Gießen Sie die Eimischung hinein und warten Sie etwa eine halbe Minute, bis das Ei am Pfannenboden zu stocken beginnt. Streuen Sie nun die gehackten Kräuter über das Ei. Warten Sie, bis das Ei weiter stockt, schieben Sie es dann in Richtung Pfannenmitte vorsichtig zusammen, sodass das noch flüssige Ei in Richtung Pfannenboden verlaufen kann. Verfahren Sie auf diese Weise weiter, bis das Ei die gewünschte Konsistenz hat.

3 Bestreichen Sie nun das Knäckebrot mit dem Frischkäse. Schneiden Sie die Tomate in Scheiben und legen Sie die Scheiben darauf. Würzen Sie nach Belieben mit Salz und Pfeffer und garnieren Sie das Brot mit Schnittlauch.

4 Entnehmen Sie das Ei aus der Pfanne, geben Sie es auf einen Teller und legen Sie die Lachsstreifen darauf. Garnieren Sie es nach Ihren Vorstellungen mit dem gehackten Dill. Besonders adrett sieht ein Ästchen ganzer Dill auf dem Teller aus

## SMÖRGÅSAR MED OLIKA PÅLÄGG

# FRÜHSTÜCKSSANDWICH-VARIATION

Smörgåsar, nicht zu verwechseln mit dem dänischen Smørrebrød, ist prinzipiell nichts anderes als ein reichhaltig belegtes Sandwich. Man kann es nicht nur zum Frühstück genießen, sondern auch als Zwischenmahlzeit oder zum Mitnehmen für unterwegs. Smörgåsar ist eines von vielen Gerichten, welches sich hervorragend zum Vorbereiten für einen Smörgåsbord eignet. Hier präsentieren wir Ihnen eine exklusive Variation in den unterschiedlichsten Geschmacksrichtungen. Perfekt für Ihren Frühstückstisch.

# FRÜHSTÜCKSSANDWICH-VARIATION

 2 Port.  30 Min.  Leicht

**Zutaten**

**1. Mit Erdnussbutter und Banane:**

1 Banane
1 EL Erdnussbutter
½ TL Kakaonibs
½ TL Kokoschips
1 Scheibe helles Sauerteigbrot

**2. Dunkles Roggenbrot mit Avocado und Algenperlen:**
1 Avocado
½ rote Zwiebel
2 EL Frischkäse
½ EL Zitronen-Algenkaviar (z. B. von Lofoten Seaweed oder cavi-art)
½ TL frische Kresse
1 Scheibe geschnittenes dunkles Roggenbrot
nach Belieben Salz und Pfeffer

**3. Mit Hüttenkäse, Grünkohl und Spiegelei:**
2 Eier
1 EL Hüttenkäse, Natur
2 EL Grünkohl, frisch oder leicht gedünstet nach Belieben
½ TL Sesamsamen
1 Scheibe dunkles Roggenbrot
Salz, Pfeffer, nach Bedarf
Rosmarin
etwas Butter für die Pfanne

Für alle Rezepte teilen Sie zunächst die Brotscheiben in zwei Hälften.

**Für Rezept 1:**

1 Schälen Sie die Banane und schneiden sie in Scheiben mit gewünschter Dicke.

2 Bestreichen Sie die Brothälften zuerst mit der Erdnussbutter, legen Sie die Bananenscheiben darauf und toppen Sie das Brot mit den Kakaonibs und den Kokoschips.

**Für Rezept 2:**

1 Schneiden Sie die Avocado der Länge nach ein, nehmen den Kern heraus und lösen vorsichtig mit den Fingern die feste Schale vom Fruchtfleisch. Die Avocado sollte dabei möglichst unbeschadet bleiben. Schneiden Sie das Fruchtfleisch nun in Scheiben. Schälen Sie eine rote Zwiebel, teilen Sie sie in zwei Hälften und schneiden Sie mit einem scharfen Messer hauchzarte Ringe daraus. Streichen Sie den Frischkäse auf die Brotscheiben. Legen Sie zuerst die Zwiebelringe und dann die Avocadoscheiben darauf. Würzen Sie an dieser Stelle nach Bedarf mit Salz und Pfeffer.

2 Setzen Sie einen Klecks Kaviar in die Mitte des Brotes und garnieren Sie alles nach Belieben mit der Kresse.

**Für Rezept 3:**

1 Schmelzen Sie zunächst die Butter in einer Pfanne. Schlagen Sie dann die Eier direkt hinein. Braten Sie die Spiegeleier, ohne dass das Eiweiß zu dunkel wird, auch das Eigelb sollte wachsweich bleiben.

**4. Helles Sauerteigbrot mit Frischkäse, Nussbutter und Beeren:**

2 EL Frischkäse, Natur
2 EL Nussbutter
1 EL frische Himbeeren
1 EL Blaubeeren
1 Scheibe helles Sauerteigbrot

## Nährwerte p. P. (von jedem Brot eines)

*840 kcal*
*73 g Kohlenhydrate*
*23 g Eiweiß*
*47 g Fett*

2 Bestreichen Sie die Brotscheiben mit dem Hüttenkäse, würzen Sie nach Belieben mit Salz, Pfeffer und einer kleinen Prise Rosmarin. Legen Sie den Grünkohl darauf und platzieren Sie je ein Spiegelei pro Brot. Toppen Sie das Brot mit den Sesamsamen.

**Für Rezept 4:**

1 Bestreichen Sie die Brotscheiben zunächst mit dem Frischkäse, dann mit einem Klecks Nussbutter. Verteilen Sie ganz nach Ihren Wünschen die frischen Beeren auf dem Brot.

Servieren Sie die Brotvariationen auf einem schönen Holzbrett.

# FILMJÖLK MIT MÜSLI UND KIRSCHMARMELADE

4 Port.

30 Min. + 3 Std. Ziehzeit

Leicht

**Zutaten**

**Müsli:**
150 g Filmjölk (schwedische Dickmilch)
80 g Haferflocken
80 g Roggenflocken
80 g Weizenflocken
200 g gehackte Haselnüsse (oder süße Mandeln)
60 g Weizenkleie
50 g geschrotete Leinsamen
60 g getrocknete Kokosnussflocken
4 EL Akazienhonig
Optional: 4 EL Hagebuttenpulver (und/oder 25 g getrocknete Brennnesseln)

**Kirschmarmelade:**
2 l Kirschen (vorzugsweise Schattenmorellen)
550 g Zucker
200 ml Wasser
½ Zitrone
2 EL Rum
Optional: 1 Prise Natriumbenzoat

1 Heizen Sie den Ofen auf 225 °C Ober-/Unterhitze vor. Geben Sie alle Zutaten in eine Backform träufeln Sie den Honig darüber. Alles gut vermengen.

2 Rösten Sie die Mischung im Ofen etwa zehn Minuten. Nach Belieben können Sie das Müsli mit Hagebuttenpulver oder getrockneten Brennnesseln würzen.

**Kirschmarmelade (mit Kernen, die man ausspucken muss!):**

1 Waschen Sie die Kirschen und geben Sie sie zusammen mit dem Zucker in einen Topf (nicht entkernen). Lassen Sie sie 3 Stunden stehen, damit sie Saft abgeben.

2 Fügen Sie das Wasser hinzu und bringen Sie das Ganze zum Kochen. Anschließend etwa 15 Minuten köcheln lassen. Nehmen Sie den Topf vom Herd. Pressen Sie die Zitrone aus und geben Sie ein paar Esslöffel Rum hinzu. Die Marmelade in gut gereinigte Gläser füllen.

**Nährwerte p. P.**

*1015 kcal*
*210 g Kohlenhydrate*
*23 g Eiweiß*
*56 g Fett*

**Achtung:** Die Marmelade sollte im Kühlschrank aufbewahrt werden. Normalerweise wird die Marmelade schnell verbraucht, aber wenn Sie auf der sicheren Seite sein möchten, können Sie Natriumbenzoat hinzufügen, um die Haltbarkeit zu verlängern.

PANNKAKOR

# SCHWEDISCHE PFANNKUCHEN

Servieren Sie die Pannkakor entweder ganz klassisch mit geschlagener Sahne und „Drottningsylt“, der sogenannten Königinnenmarmelade aus Himbeeren und Blaubeeren, oder entscheiden Sie sich für eine herzhafte Variante, beispielsweise mit Speck und Kräutern. Pannkakor schmecken, wie alle Pfannkuchen, mit den unterschiedlichsten Füllungen und Toppings. Lassen Sie Ihrer Kreativität freien Lauf und finden Sie Ihre Lieblingsvariante.

4 Port.

10 Min. + 10 Min. Ruhezeit

Leicht

**Zutaten**

120 g Weizenmehl 550
120 g Hafer-Vollkornmehl
2 TL Backpulver
1 TL Salz
1 EL Rohrohrzucker
50 g Butter
250 ml Filmjölk
2 Eier
neutrales Öl oder Butter für die Pfanne

**Nährwerte p. P.**

*441 kcal*
*46 g Kohlenhydrate*
*13 g Eiweiß*
*22 g Fett*

1 Vermengen Sie in einer Schüssel das Mehl mit dem Backpulver, dem Salz und dem Rohrohrzucker. Nehmen Sie einen Topf zur Hand und schmelzen Sie darin die Butter, quirlen Sie Filmjölk und Eier hinein. Vermengen Sie nun den Inhalt des Topfes mit der Mehlmischung aus der Schüssel zu einem geschmeidigen Teig. Den Teig für zehn Minuten ruhen lassen.

2 In einer Pfanne erhitzen Sie etwas Öl oder Butter und setzen dann esslöffelweise kleine Portionen des Teiges in die bereits heiße Pfanne. Sobald die Pannkakor an den Rändern eine leichte Bräunung aufweisen, sollten Sie diese behutsam mit Hilfe eines Pfannenwenders umdrehen und von der anderen Seite fertig backen. Achten Sie auf eine leichte, ansehnliche Bräunung.

ÄGÄKAKKA MED TWIST

# EIERKUCHEN MIT PFIFF

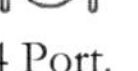

4 Port. 60 Min. Leicht

**Zutaten**

150 g Stachelbeeren
1 Knoblauchzehe
1 Lorbeerblatt
1 EL Wasser
1 EL Weißweinessig
25 ml Honig
80 g Weizenmehl
600 ml Milch
7 Eier
1 TL Salz
½ Spitzkohlkopf
2 EL Mayonnaise
100 ml Crème fraîche
12 Scheiben Schinken
2 TL Dijonsenf
Salz und Pfeffer
Butter für die Pfanne

**Zusätzliches Equipment:**

Handrührgerät

**Nährwerte p. P.**

*508 kcal*
*32 g Kohlenhydrate*
*23 g Eiweiß*
*31 g Fett*

1 Beginnen Sie damit, das Chutney zuzubereiten. Hierfür waschen Sie die Stachelbeeren, schälen den Knoblauch und pressen ihn in einen Topf. Geben Sie die Stachelbeeren, das Lorbeerblatt, das Wasser, den Essig und den Honig ebenfalls in den Topf. Köcheln Sie das Chutney für etwa zehn Minuten bzw. bis es eingedickt ist. Schmecken Sie mit frisch gemahlenem Pfeffer ab.

2 Heizen Sie den Ofen auf 200 °C Ober-/Unterhitze vor. Fetten Sie eine ofenfeste (idealerweise gusseiserne) Pfanne mit Butter ein. Verrühren Sie mit einem Handrührgerät das Mehl, die Milch, die Eier und das Salz zu einem luftigen Teig. Gießen Sie den Teig in die Pfanne und backen Sie ihn etwa 30 Minuten auf mittlerer Schiene im Ofen.

3 Unterdessen nehmen Sie die äußeren Blätter des Spitzkohls ab und schneiden ihn in feine Streifen. Mischen die Spitzkohlstreifen mit Mayonnaise, Crème fraîche und Senf. Schmecken Sie nach Ihrem Belieben mit Salz und Pfeffer ab. Entnehmen Sie die Pfanne mit dem Eierkuchen aus dem Ofen und verteilen Sie ihn zu gleichen Teilen auf vorgewärmten Tellern. Toppen Sie die Eierkuchen mit dem Kohlsalat, dem Chutney und dem Schinken.

# Sallader

# Salate

SMÖRGÅSSALLAD

# SCHWEDISCHER BROTSALAT

4 Port. 20 Min. Leicht

**Zutaten**

4 Scheiben Knäckebrot
200 g geräucherter Lachs oder geräucherte Forelle, in Stücke geschnitten
1 rote Zwiebel, in dünne Ringe geschnitten
4 EL saure Sahne
4 EL Mayonnaise
2 EL frischer, gehackter Dill
Zitronensaft
Salz und Pfeffer

**Nährwerte p. P.**

*208 kcal*
*10 g Kohlenhydrate*
*13 g Eiweiß*
*12 g Fett*

1 Zerbrechen Sie das Knäckebrot in grobe Stücke und geben Sie es zusammen mit den Fischstücken und den Zwiebelringen in eine Schüssel.

2 Vermengen Sie in einer zweiten Schüssel die saure Sahne, den Dill und die Mayonnaise. Schmecken Sie kräftig mit Pfeffer und Zitronensaft ab, dosieren Sie das Salz vorsichtig.

3 Geben Sie nun das Dressing über den Salat und vermengen Sie die Zutaten sorgfältig.

4 Stellen Sie den Salat für ca. zehn Minuten in den Kühlschrank, sodass er durchziehen kann. Servieren Sie ihn in kleinen Salatschüsseln oder auf einem Bett aus grünen Salatblättern.

SKINKSALLAD

# SCHINKENSALAT

Dieser Schinkensalat ist ein einfaches und traditionelles Rezept, welches sich perfekt für Sandwiches oder als Belag für Cracker eignet. Zudem ist es hervorragend für die Verwertung von übriggebliebenem Schinken geeignet. Wandeln Sie das nachfolgende Basisrezept gerne ab, indem Sie den Salat mit gekochten Eiern, gewürfelten Äpfeln und saurer Sahne zubereiten.

6 Port.

10 Min. + 1 Std. Ziehzeit

Leicht

**Zutaten**

450 g gekochter Schinken, gewürfelt
100 g Staudensellerie, abgezogen und in feine Halbmonde geschnitten
50 g gehackte Dillgurken
120 g Mayonnaise
2 TL Dijonsenf
1 EL frische Petersilie, gehackt
Salz und frisch gemahlener Pfeffer

**Nährwerte p. P.**

*275 kcal*
*3 g Kohlenhydrate*
*16 g Eiweiß*
*20 g Fett*

1 Geben Sie die Mayonnaise, den Senf und die Petersilie in eine Schüssel und verrühren Sie alles gründlich. Heben Sie nun die Dillgurken, den Schinken und den Staudensellerie unter.

2 Schmecken Sie den Salat mit Salz und Pfeffer ab und geben Sie ihn zum Durchziehen für eine Stunde in den Kühlschrank.

3 Servieren Sie ihn zu Crackern, Knäckebrot oder als Dip

KYCKLINGSALLAD

# HÄHNCHENSALAT

 6 Port.  25 Min.  Leicht

**Zutaten**

600 g gegrilltes Hähnchenfleisch (fertig gekauft oder aus 1 kg ganzem Hähnchen selbst zubereitet)
120 g Bacon
15 Cocktailtomaten
200 g Salatgurke
120 g Mais (Konserve)
1 rote Paprika
½ rote Zwiebel
1 Avocado
65 g gemischter Pflücksalat
½ großer Kopf Eisbergsalat
100 ml Olivenöl
2 EL weißer Balsamico-Essig
2 TL Dijon-Senf
1 TL Honig
1 Prise Salz
1 Prise schwarzer Pfeffer

**Nährwerte p. P.**

*477 kcal*
*19 g Kohlenhydrate*
*36 g Eiweiß*
*27 g Fett*

1 Schneiden Sie den Bacon in Streifen und braten Sie ihn unter regelmäßigem Wenden in einer Pfanne knusprig an. Anschließend herausnehmen und auf Küchenkrepp kurz abtropfen lassen.

2 Waschen und halbieren Sie die Tomaten, waschen Sie die Paprika, entfernen Sie die Kerne und Zellwände und schneiden Sie sie in feine, mundgerechte Streifen. Waschen und würfeln Sie die Gurke. Schälen Sie die Zwiebel und schneiden Sie sie in feine Halbmonde.

3 Halbieren Sie die Avocado, schlagen Sie ein scharfes Messer in den Kern und drehen Sie ihn heraus. Schneiden Sie nun das Fruchtfleisch der Avocado in der Schale kreuzweise ein, sodass mittelgroße Würfel entstehen. Stülpen Sie nun die Schale um und lassen Sie die Avocadowürfel in eine Schüssel fallen. Geben Sie den Mais in die Schüssel. Waschen, lesen und trocknen Sie nun auch die Salate und schneiden Sie den Eisbergsalat in Streifen.

4 Das gegrillte Hähnchenfleisch in grobe Stücke schneiden. Geben Sie alle bisher verarbeiteten Zutaten (außer den Bacon) in die Schüssel mit den Avocadowürfeln.

5 Bereiten Sie aus Olivenöl, Essig, Senf, Honig und schwarzem Pfeffer das Dressing zu und schmecken Sie es mit Salz ab.

6 Mischen Sie den Salat vorsichtig mit der Hälfte des Dressings. Legen Sie die Bacon-Streifen darauf. Servieren Sie ihn in der Salatschüssel oder portionieren Sie ihn auf vier tiefe Teller. Gießen Sie den Rest des Dressings beim Servieren darüber.

RÄKSALLAD MED PEPPARROT

# GARNELENSALAT MIT MEERRETTICH

4 Port. 10 Min. Leicht

**Zutaten**

200 g küchenfertige Garnelen
100 ml Mayonnaise
50 g saure Sahne
1 EL Dill, fein gehackt
1 EL Schnittlauch, fein gehackt
1 EL Meerrettich, gerieben (kein Sahnemeerrettich!)
1 TL Dijon-Senf
1 Prise Salz
1 Prise schwarzer Pfeffer

**Nährwerte p. P.**

*249 kcal*
*2 g Kohlenhydrate*
*11 g Eiweiß*
*22 g Fett*

1 Waschen Sie die Kräuter und schütteln Sie sie trocken. Nun fein hacken. Schneiden Sie die Garnelen bei Bedarf in kleine Stücke. Sie können Sie aber auch so lassen, wie sie sind.

2 Geben Sie die Garnelen und die gehackten Kräuter in eine Schüssel. Fügen Sie den Senf, die Mayonnaise und den Meerrettich hinzu und vermengen Sie alles vorsichtig. Schmecken Sie mit Salz und Pfeffer ab.

3 Sofort servieren oder vor dem Servieren im Kühlschrank kaltstellen

VINTERSALLAD MED VÄSTERBOTTEN

# WINTERSALAT MIT VÄSTERBOTTENKÄSE

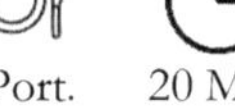

4 Port. 20 Min. Leicht

**Zutaten**

200 g Rucola
2 Äpfel
100 g Walnusskerne
200 g Västerbottenkäse
50 g Granatapfelkerne
50 ml Olivenöl
1 EL Rotweinessig
1 TL Honig
Salz und Pfeffer

**Nährwerte p. P.**

*526 kcal*
*14 g Kohlenhydrate*
*23 g Eiweiß*
*41 g Fett*

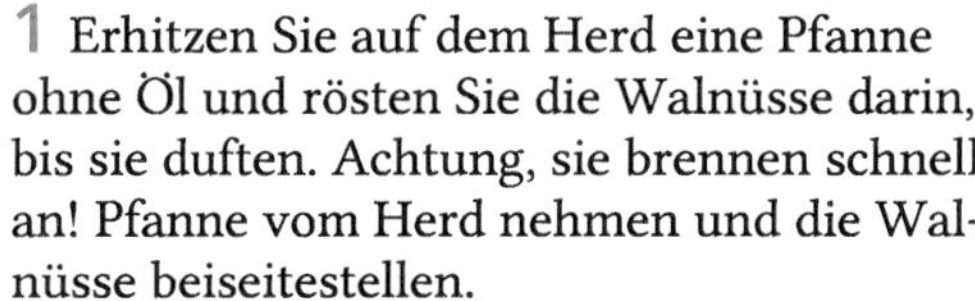

1 Erhitzen Sie auf dem Herd eine Pfanne ohne Öl und rösten Sie die Walnüsse darin, bis sie duften. Achtung, sie brennen schnell an! Pfanne vom Herd nehmen und die Walnüsse beiseitestellen.

2 Waschen, lesen und trocknen Sie den Rucola, schälen und entkernen Sie die Äpfel und schneiden Sie sie in kleine Stücke. Vierteln Sie den Granatapfel und drücken Sie die Kerne aus den Zellkammern in eine Schüssel.

3 Achten Sie darauf, dass keine weißen Zellwände mit in die Schüssel fallen. Diese sind nämlich bitter und nicht schmackhaft. Schneiden Sie den Västerbottenkäse in mundgerechte Stücke und geben Sie ihn mitsamt dem Rucola und den Apfelstücken in die Schüssel mit den Granatapfelkernen.

4 Bereiten Sie in einer zweiten Schüssel die Vinaigrette zu, indem Sie zuerst den Essig hineingeben und dann unter ständigem Schlagen mit dem Schneebesen das Olivenöl einfließen lassen. Schlagen Sie zuletzt den Honig unter, schmecken Sie mit Salz und Pfeffer ab und geben Sie das Dressing in die Schüssel mit dem Salat. Rühren Sie gründlich, aber vorsichtig um und servieren Sie den Salat vorportioniert auf tiefen Tellern.

SILLSALLAD MED ÄGG

# MATJESSALAT MIT EI

Sillsalad besticht durch seine bunten Farben, welche einem bereits das Wasser im Mund zusammenlaufen lassen und viele gesunde Inhaltsstoffe versprechen. Man kann Sillsalad gut für Smörgåsbord vorbereiten. Sie können ihn sowohl kalt als auch lauwarm servieren.

 6 Port.  15 Min.  Leicht

**Zutaten**

100 g Babyspinat
100 g Zuckerschoten
200 g grüne Erbsen, küchenfertig
400 g Matjessillfilets
1 rote Zwiebel
5 hartgekochte Eier
10 gekochte Kartoffeln (Drillinge, gern mit Schale)
6 Dillzweige
200 g Sauerrahm
frischer, gemahlener Pfeffer
etwas Salz

**Nährwerte p. P.**

*476 kcal*
*33 g Kohlenhydrate*
*23 g Eiweiß*
*27 g Fett*

1 Erhitzen Sie Wasser mit einem gestrichenen Teelöffel Salz in einem Topf und geben Sie die Drillinge hinein. Solange kochen, bis sie weich, aber nicht zerbrechlich sind. Sie können die Kartoffeln nun entweder schälen oder mitsamt Schale weiterverarbeiten.

2 Kochen Sie die Eier hart und schrecken Sie sie anschließend mit kaltem Wasser ab. Waschen und lesen Sie den Spinat und die Zuckerschoten. Legen Sie den Spinat nach dem Abtropfen auf eine Servierplatte.

3 Schneiden Sie die Zuckerschoten längs auf, schälen Sie die Zwiebel, schneiden Sie sie in feine Ringe und verteilen Sie die Zuckerschoten, die Erbsen und die Zwiebelringe auf dem Spinatbett. Schneiden Sie die Matjesfilets in mundgerechte Stücke und verteilen Sie sie auf den Zwiebeln.

4 Schneiden Sie nun die Kartoffeln der Länge nach in Viertel und die Eier in Hälften. Drapieren Sie beides auf dem Gemüse und dem Matjes, würzen Sie nach Belieben mit Pfeffer, dekorieren Sie mit dem Dill und servieren Sie den Salat mit einem Klecks Sauerrahm.

# Soppor

# Suppen

Schwedische Suppen verwenden meist klassische Zutaten wie Kartoffeln, Karotten, Sellerie, Lauch und verschiedene Wurzelgemüse. Fleisch, insbesondere geräuchert oder gepökelt, wird ebenfalls oft verwendet.

Eine ganz spezielle Tradition hat die Erbsensuppe am Donnerstag: In Schweden ist es eine weitverbreitete Tradition, Erbsensuppe am Donnerstag, dem sogenannten "Ärtsoppadagen" zu essen. Dies geht auf das Christentum in Anlehnung an Karfreitag zurück. Freitags wurde generell auf Fleisch verzichtet und zusätzlich bürgerte sich die Erbsensuppe an Donnerstagen ein. Zu bestimmten Feiertagen wie Weihnachten und Mittsommer, gehören oft besondere Suppen. Eine der bekanntesten ist die Krebssuppe (Kräftsoppa), die traditionell während der Krebsfestsaison im August serviert wird.

In den warmen Monaten genießen die Schweden auch kalte Suppen aus Beeren wie beispielsweise Blaubeeren und Erdbeeren. Diese Suppen werden üblicherweise mit Joghurt oder Sahne serviert und sind eine erfrischende Delikatesse

ÄRTSOPPA

# KLASSISCHE ERBSENSUPPE

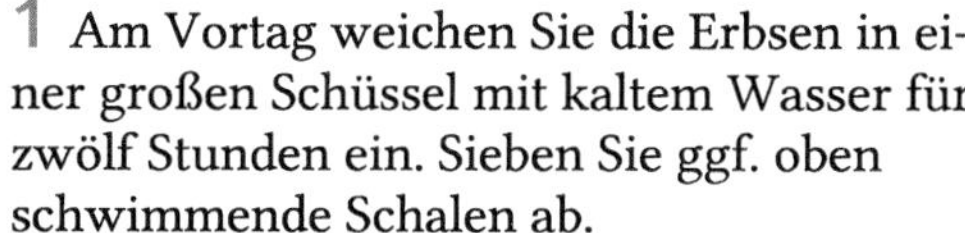

5 Port. | 45 Min. + 12 Std. Einweichzeit | Leicht

## Zutaten

500 g gelbe Erbsen (getrocknet)
500 g gepökeltes Schweinefleisch
1 Möhre
1 Zwiebel
1 TL getrockneter Thymian oder ein Zweig frischer Thymian
1 TL getrockneter Majoran
1 Lorbeerblatt
1 TL Skånsk Senf
1 TL grober französischer Senf

## Nährwerte p. P.

*190 kcal*
*14 g Kohlenhydrate*
*25 g Eiweiß*
*3 g Fett*

1 Am Vortag weichen Sie die Erbsen in einer großen Schüssel mit kaltem Wasser für zwölf Stunden ein. Sieben Sie ggf. oben schwimmende Schalen ab.

2 Gießen Sie das Wasser ab und spülen Sie die Erbsen erneut in einem Sieb ab.

3 Am nächsten Tag schälen Sie die Möhren und die Zwiebel und schneiden beides in grobe Stücke. Legen Sie das gepökelte Schweinefleisch zusammen mit Möhre und Zwiebel in einen großen Topf mit dickem Boden. Geben Sie die Erbsen hinzu und füllen Sie mit kaltem Wasser auf, sodass alles bedeckt ist. Fügen Sie das Lorbeerblatt, den Thymian und den Majoran hinzu.

4 Bringen Sie das Wasser zum Kochen, schäumen Sie es ab und lassen Sie die Suppe etwa anderthalb Stunden mit aufgelegtem Deckel köcheln. Da einige Erbsen noch hart sein können, verlängert sich möglicherweise die Kochzeit.

5 Entnehmen Sie das Fleisch, das Lorbeerblatt, die Zwiebel und die Möhre. Rühren Sie die Suppe um, damit leere Schalen an die Oberfläche steigen können. Entfernen Sie diese mit einem Schaumlöffel. Schneiden Sie nun das Fleisch und die Möhre in dünne Scheiben und geben Sie sie wieder zur Suppe.

6 Mischen Sie Skånsk Senf mit grobem französischem Senf und rühren Sie ihn in die heiße Suppe ein. In tiefen Tellern servieren.

KÖTTBULLESOPPA

# FLEISCHBÄLLCHENSUPPE

4 Port. 45 Min. Leicht

**Zutaten**

**Für die Fleischbällchen:**

500 g Rinderhackfleisch
25 g Semmelbrösel
1 Ei
1 TL Zwiebelpulver
1 TL Paprikapulver
1 TL Oregano
Salz
Pfeffer
25 ml Chilisauce
Butter zum Braten

**Für die Suppe:**

3 mittelgroße Möhren
1 kleiner Kohlrabi
1 Stange Lauch
2 Knoblauchzehen
2 Hühnerbrühwürfel
2 EL Tomatenmark
1 TL Oregano
1 l Wasser
400 g Kirschtomaten
150 g Suppennudeln
Salz
Pfeffer
Petersilie
Olivenöl zum Braten

**Nährwerte p. P.**

*507 kcal*
*44 g Kohlenhydrate*
*30 g Eiweiß*
*22 g Fett*

1 Schlagen Sie das Ei aus und vermengen Sie es zusammen mit den Semmelbröseln in einer Schüssel. Lassen Sie die Masse für acht Minuten quellen. Geben Sie das Hackfleisch in die Schüssel mit den Semmelbröseln und würzen Sie mit dem Paprikapulver, dem Oregano, dem Zwiebelpulver, Salz und Pfeffer.

2 Rühren Sie die Chilisoße unter und vermengen Sie alles gründlich. Formen Sie anschließend 15 kleine Fleischbällchen. Erhitzen Sie die Butter in einer beschichteten Pfanne und braten Sie die Bällchen bei mittlerer Hitze gut durch. Achten Sie darauf, dass sie von allen Seiten gleichmäßig gebräunt werden.

3 Schälen Sie die Möhren und den Kohlrabi und schneiden Sie beides in kleine Würfel bzw. in feine Scheiben. Nehmen Sie vom Lauch die beiden äußeren Blätter ab, schneiden Sie evtl. vertrocknete Stellen vom dunkelgrünen Teil ab, entfernen Sie die Wurzel und schneiden Sie den Lauch in feine Ringe. Waschen Sie in einem großen Sieb die Lauchringe gründlich ab, um sie von Erdrückständen zu befreien. Erhitzen Sie nun das Öl in einem Topf und braten Sie das Gemüse darin für fünf Minuten an. Drücken Sie die Knoblauchzehen in den Topf mit dem Gemüse, zerbröseln Sie die Hühnerbrühwürfel und fügen Sie Tomatenmark und Oregano hinzu. Gießen Sie einen Liter Wasser auf und kochen Sie alles weich.

4 Geben Sie dann die Kirschtomaten und die Nudeln hinzu. Kochen Sie die Suppe, bis die Nudeln gar sind. Geben Sie die Fleischbällchen hinzu, würzen Sie mit Salz und Pfeffer und servieren Sie die Köttbullesoppa mit Petersilie bestreut.

SPARRISSOPPA

# SPARGELSUPPE

4 Port. 30 Min. Mittel

**Zutaten**

250 g Spargel
2 EL Butter
2 EL Weizenmehl
1,5 l Wasser
1 Hühnerbrühwürfel
100 ml Sahne
Salz
weißer Pfeffer
etwas Zitronensaft
etwas gehackter frischer Dill
4 Scheiben Brot zum Servieren

**Besonderes Equipment:**

Pürierstab

**Nährwerte p. P.**

*278 kcal*
*15 g Kohlenhydrate*
*5 g Eiweiß*
*21 g Fett*

1 Schneiden Sie die unteren harten Teile des Spargels ab. Wenn Sie möchten, können Sie die Spargelstangen zusätzlich mit einem Sparschäler schälen. Nötig ist es jedoch nicht. Kochen Sie den Spargel in leicht gesalzenem Wasser für etwa zehn Minuten.

2 Nehmen Sie den Spargel heraus, schneiden Sie ihn in Stücke und bewahren Sie das Kochwasser auf.

3 Schmelzen Sie die Butter in einem Topf und rühren Sie das Mehl dort ein.

4 Löschen Sie nach und nach mit insgesamt einem Liter Spargelkochwasser ab. Lassen Sie die Mehlschwitze zwischendurch immer wieder aufwallen. Sie sollte allerdings nicht bräunen. Geben Sie nun den Spargel hinzu und pürieren Sie die Zutaten. Gießen Sie so viel Wasser auf, bis die Suppe die gewünschte Konsistenz hat. Schmecken Sie mit Salz, Pfeffer und einem Spritzer Zitronensaft ab und garnieren Sie die Suppe mit dem frischen Dill.

5 Servieren Sie das Gericht mit gutem Brot.

KRÄFTSOPPA

# KREBSSUPPE

Flusskrebse sind in Schweden ein fester Bestandteil der einheimischen Rezepte. Dort bekommt man sie nahezu überall. Hierzulande sind sie zwar längst nicht so bekannt, aber man bekommt Flusskrebse oder Krebsschwänze mittlerweile im gut sortieren Verbrauchermarkt an der Fischtheke oder auch bequem online.

# KREBSSUPPE

6 Port.

45 Min.

Mittel

**Zutaten**

750 g Flusskrebsschalen (ohne Fleisch darinnen)
Krebsschwänze nach Wunsch, rechnen Sie mit 2 Stück pro Portion
1 große Möhre
1 Zwiebeln
1 Stange Lauch
1 EL Rapsöl
3 EL Tomatenmark
650 ml Wasser
2 EL Krebsfond, konzentriert
200 ml Weißwein, trocken
4 Stängel Petersilie
100 ml Sahne
2 EL Butter, Zimmerwarm
2 EL Weizenmehl
Salz und Pfeffer
Cayennepfeffer

**Nährwerte p. P.**

*383 kcal*
*12 g Kohlenhydrate*
*26 g Eiweiß*
*22 g Fett*

1 Zerbrechen Sie die Flusskrebsschalen in kleine Stücke. Schälen Sie die Möhre und die Zwiebel, nehmen Sie die äußersten Blätter des Lauchs ab. Schneiden Sie alles in feine Scheiben. Erhitzen Sie Öl in einem Topf und schwitzen Sie das Gemüse darin an.

2 Geben Sie die Krebsschalen in den Topf und braten Sie alles zusammen für etwa acht Minuten weiter. Rühren Sie das Tomatenmark ein und rösten Sie alles für zwei Minuten. Löschen Sie mit dem Wein ab und gießen Sie alle mit dem Wasser und dem Fond auf.

3 Hacken Sie die Petersilie grob und fügen Sie sie zum Topfinhalt hinzu. Köcheln Sie die Suppe für 30 Minuten bei mittlerer Hitze, rühren Sie gelegentlich um. Seihen Sie die Brühe ab und reduzieren Sie diese um zwei Drittel. Fügen Sie die Sahne hinzu und bringen Sie sie zum Kochen.

4 Bereiten Sie aus der Butter und dem Mehl eine Mehlschwitze hinzu. Löffeln Sie die Brühe unter ständigem Rühren nach und nach in die Mehlschwitze. Lassen Sie diese zwischendurch immer wieder kurz aufwallen. Köcheln Sie die Suppe für ein paar Minuten und schmecken Sie mit Salz, Pfeffer und Cayennepfeffer ab.

5 Legen Sie die Krebsschwänze in die Suppe, damit sie sich dort etwas erwärmen. Nehmen Sie sie nun wieder heraus, legen Sie je zwei auf einen tiefen Teller, gießen Sie die Suppe darüber und servieren Sie die Kräftsoppa mit Petersilie garniert.

ROTFRUKTSSOPPA

# BUNTE GEMÜSESUPPE MIT SAURER SAHNE

4 Port.

50 Min.

Leicht

**Zutaten**

500 g Kartoffeln
1 mittelgroße Süßkartoffel
2 Karotten
2 Pastinaken
1 Zwiebel
2 Knoblauchzehen
1 rote Chili
800 ml Wasser
1 Gemüsebrühwürfel
200 ml Hafercreme
Salz und Pfeffer
Öl zum Braten
200 g gekochte Kichererbsen
200 g saure Sahne
1 TL geräuchertes Paprikapulver
Raps- oder Olivenöl
Petersilie als Garnitur

**Besonderes Equipment:**

Stabmixer

**Nährwerte p. P.**

*437 kcal*
*71 g Kohlenhydrate*
*9 g Eiweiß*
*10 g Fett*

1 Schälen Sie das ganze Gemüse und schneiden Sie es in grobe Würfel. Die Zwiebeln und die Knoblauchzehe ebenfalls schälen und fein hacken. Erhitzen Sie Öl in einer tiefen Pfanne und braten Sie die Zwiebel und den Knoblauch darin sanft an. Hacken Sie die Chilischote (vorher entkernen!) und geben Sie sie mit in die Pfanne.

2 Geben Sie nun das gewürfelte Wurzelgemüse hinzu und braten Sie das Gemüse unter ständigem Wenden für etwa zehn Minuten. Löschen Sie nun mit Wasser ab und bröseln Sie den Brühwürfel mit in die Pfanne. Gut durchrühren und für weitere zehn Minuten kochen. Pürieren Sie die Suppe nun mit einem Stabmixer, gießen Sie die Hafercreme auf und schmecken Sie nach Belieben mit Salz und Pfeffer ab. Anschließend warm stellen.

3 Für das Topping legen Sie ein Backblech mit Backpapier aus und verteilen die Kichererbsen darauf. Träufeln Sie gleichmäßig etwas Öl darüber, stäuben Sie das Paprikapulver darüber und backen Sie die Kichererbsen für zehn Minuten bei 200 °C (Ober-/Unterhitze).

4 Verteilen Sie nun die Suppe auf vier tiefe Teller. Geben Sie nun als Topping einen Esslöffel saure Sahne auf die Suppe und dekorieren Sie den Klecks mit einigen gerösteten Kichererbsen. Mit Petersilie garnieren.

RÄKSOPPA

# GARNELENSUPPE

4 Port. 40 Min. Leicht

**Zutaten**

500 g Garnelen mit Schale
2 Schalotten
2 Möhren
2 Knoblauchzehen
1 rote Chili
2 EL Rapsöl
1 EL Tomatenmark
500 ml Wasser
3 EL Hummerfond, konzentriert
200 ml trockener Weißwein
30 ml Schlagsahne
1 EL Maisstärke und etwas kaltes Wasser
½ TL Cayennepfeffer
½ TL Salz
nach Belieben Pfeffer
1 Bund Dill
etwas Zitronensaft
Brot zum Servieren

**Besonderes Equipment:**

Küchenreibe

**Nährwerte p. P.**

*360 kcal*
*14 g Kohlenhydrate*
*27 g Eiweiß*
*18 g Fett*

1 Schälen Sie die Garnelen, behalten Sie die Schalen zurück. Schälen Sie die Möhren und die Schalotten sowie den Knoblauch. Entkernen Sie die Chili. Chili und Knoblauch fein hacken. Reiben Sie nun die Möhren und die Schalotten auf der Küchenreibe. Braten Sie das Gemüse, bis auf die Chili, in einem heißen Topf mit Öl so lange an, bis es weich ist. Geben Sie nun die Garnelenschalen und die Chili hinein und braten Sie für fünf Minuten unter stetigem Wenden weiter. Fügen Sie das Tomatenmarkt hinzu und rösten Sie es für zwei Minuten an. Löschen Sie das Gemüse mit dem Wasser ab und geben Sie den Fond hinzu. Kochen Sie es abgedeckt etwa 15 Minuten lang.

2 Seihen Sie nun das Gemüse ab und fangen Sie die Brühe auf. Geben Sie sie in einen Topf. Reduzieren Sie die Brühe ein und gießen Sie den Wein und die Sahne an.

3 Verrühren Sie in einem kleinen Schälchen die Maisstärke mit dem Wasser und rühren Sie die Mischung unter die Suppe. Bei schwacher Hitze fünf Minuten köcheln lassen. Waschen und hacken Sie den Dill und geben Sie ihn zur Suppe. Würzen Sie nach Ihrem Geschmack mit Salz, Pfeffer, Cayennepfeffer und Zitronensaft.

4 Servieren Sie die Suppe mit den geschälten Garnelen und Brot.

SKÄRGÅRDSSOPPA

# SCHÄRENSUPPE

Schärensuppe, „Skärgårdssoppa" genannt, stammt aus der gleichnamigen Region, der schwedischen und finnischen Inselgruppe namens Schären. Diese Suppe ist ein beliebtes Gericht in der skandinavischen Küche und spiegelt die Einflüsse der Küstenregion mit ihrem reichhaltigen Angebot an Meeresfrüchten wider. Das Besondere an Schärensuppe ist zweifelsohne das besondere Aroma. Nicht nur eine besonders schmackhafte Kombination an Gewürzen und Kräutern macht sie einzigartig, auch der Einsatz des kostbaren Safrans macht Schärensuppe zu einem aparten Gericht. Serviert wird sie traditionell mit frischem Brot oder Knäckebrot. Schärensuppe ist besonders beliebt in den Sommermonaten, wenn frische Meeresfrüchte reichlich vorhanden sind. Besonders bei Festen wie dem Mittsommerfest (Midsommar) und Feierlichkeiten ist sie sehr beliebt. Außerdem werden in vielen Küstengemeinden Schwedens und Finnlands Fischfestivals abgehalten, bei denen Schärensuppe eine Hauptrolle spielt. Diese Veranstaltungen feiern die reiche Fischereitradition und bieten eine Gelegenheit, lokale Meeresfrüchte zu genießen.

# SCHÄRENSUPPE

4 Port. 45 Min. Mittel

**Zutaten**
300 g Lachs
300 g Kabeljaufilet
500 g Garnelen mit Schale
2 Knoblauchzehen
1 kleine Stange Lauch
1 Möhre
1 kleine Fenchelknolle
2 EL Tomatenmark
3 Tomaten
1 TL Thymian, getrocknet
½ g Safran
250 ml Weißwein
50 ml Fischfond
50 ml Wasser
250 ml Sahne
frisch gemahlener schwarzer Pfeffer
grobes Salz (Fleur de Sel)
Olivenöl zum Braten
ein kleines Bund frische Petersilie, gehackt
8 Zweige frischer Thymian

**Für die Knoblauchmayonnaise:**
150 ml Mayonnaise
1 Knoblauchzehe, gepresst
1 TL Sambal Oelek
Salz und schwarzer Pfeffer

**Besonderes Equipment:**
Stabmixer

## Nährwerte p. P.

*909 kcal*
*18 g Kohlenhydrate*
*64 g Eiweiß*
*54 g Fett*

1 Schälen Sie den Knoblauch und die Möhre, den Knoblauch pressen und die Möhre in feine Scheibchen schneiden. Entfernen Sie die äußeren Blätter vom Lauch, schneiden Sie ihn in feine Ringe und waschen Sie ihn in einem Sieb gründlich aus. Anschließend abtropfen lassen. Halbieren Sie den Fenchel, trennen Sie den Strunk heraus und schneiden Sie das feine Grün ab. Behalten Sie es für die spätere Garnitur zurück. Schneiden Sie den Fenchel in kleine Stücke. Aus den Tomaten schneiden Sie den Strunk heraus und schneiden sie in Stücke.

2 Erhitzen Sie das Olivenöl in einem Topf, geben Sie den Knoblauch hinein und braten Sie ihn, ohne dass er Farbe annimmt. Fügen Sie Lauch, Möhren und Fenchel hinzu und braten Sie das Gemüse für etwa fünf Minuten an. Rühren Sie das Tomatenmark ein. Die Tomatenstücke und den Thymian hinzugeben und alles für zwei Minuten braten. Löschen Sie unter Rühren mit dem Weißwein ab und gießen Sie mit dem Wasser und dem Fond auf. Bei schwacher Hitze unter gelegentlichem Rühren für zehn Minuten köcheln lassen, bis die Möhren weich sind. Nehmen Sie den Topf vom Herd und pürieren Sie die Suppe mit dem Stabmixer. Schmecken Sie mit dem frisch gemahlenen schwarzen Pfeffer und Fleur de Sel ab. Legen Sie den Fisch in die Suppe und stellen Sie den Topf warm. Der Fisch sollte in der Suppe etwa zehn Minuten ziehen. So gart er, ohne zu zerfallen.

3 In der Zwischenzeit bereiten Sie die Knoblauchmayonnaise zu, indem Sie den Knoblauch schälen und in die Mayo pressen. Geben Sie den Sambal Oelek hinzu und schmecken Sie mit Pfeffer und Salz ab. Dekorieren Sie die Mayo mit dem Fenchelgrün.

4 Schälen Sie die Garnelen und garnieren Sie die Suppe damit kurz vor dem Servieren mit fein gehackter Petersilie und einigen Zweigen frischem Thymian.

5 Serviere die Suppe mit Knoblauchmayonnaise und frischem Brot.

GRÖNKÅLSSOPPA

# GRÜNKOHLSUPPE MIT FRIKADELLEN

4 Port. 35 Min. Leicht

**Zutaten**

500 g gehackter Grünkohl (TK oder frisch blanchiert)
1 Zwiebel
1 Knoblauchzehe
3 EL Butter
½ TL gemahlene Muskatnuss
2 EL Weizenmehl
800 ml Gemüsebrühe
1 TL Salz
frisch gemahlener weißer Pfeffer

**Für die Frikadellen:**

400 g gemischtes Hackfleisch
100 g Frischkäse Natur
1 TL Salz
frisch gemahlener weißer Pfeffer
Abrieb und Saft von einer halben unbehandelten Zitrone

## Nährwerte p. P.

*439 kcal*
*16 g Kohlenhydrate*
*25 g Eiweiß*
*29 g Fett*

1 Tauen Sie den Grünkohl auf oder lesen und waschen Sie den frischen Grünkohl. Falls Sie frischen Grünkohl verwenden, blanchieren Sie ihn für zwei Minuten in kochendem Salzwasser.

2 Schälen Sie die Zwiebel und den Knoblauch und hacken Sie beides fein. Erhitzen Sie die Butter in einem großen Topf und braten Sie die Zwiebel und den Knoblauch darin an. Geben Sie den Grünkohl in den Topf und braten Sie das Gemüse für einige Minuten. Stäuben Sie das Mehl über das Gemüse und gießen Sie die Brühe an. Legen Sie den Deckel auf den Topf und garen Sie die Mischung für 10 – 15 Minuten unter gelegentlichem Rühren. Schmecken Sie die Suppe mit Salz, frisch gemahlenem Pfeffer und Muskat ab.

3 Für die Frikadellen vermengen Sie das Hackfleisch mit dem Frischkäse, dem Zitronensaft, dem Zitronenabrieb, Salz und Pfeffer und formen daraus kleine Fleischbällchen. Reduzieren Sie die Hitze, legen Sie die Frikadellen in die Suppe und köcheln Sie alles für zehn Minuten, damit die Frikadellen gar ziehen können.

4 Servieren Sie die Suppe mit Sauerteigbrot und Butter.

# Huvudrätter med kött och fjäderfä

# Hauptgerichte mit Fleisch & Geflügel

FLYGANDE JAKOB

# FLIEGENDER JAKOB

Der "Fliegende Jakob" ist ein schwedisches Gericht, das in den 1970er Jahren entstand. Es wurde von Ove Jacobsson, einem schwedischen Piloten, entwickelt, der nach einer schnellen und herzhaften Mahlzeit suchte, die er nach seinen Flügen genießen konnte. Obwohl der Name "Fliegender Jakob" etwas ungewöhnlich klingt, gibt es keine klaren Hinweise darauf, warum genau dieser Name gewählt wurde. Einige vermuten, dass der Name von Ove Jacobssons Nachnamen inspiriert sein könnte, während andere Theorien besagen, dass er einfach als humorvolle Bezeichnung für ein ungewöhnliches Gericht gewählt wurde. Die Kombination aus süßen und herzhaften Aromen, zusammen mit der cremigen Konsistenz der Sahne, macht dieses Gericht zu etwas Besonderem. Flygande Jakob ist in ganz Schweden bekannt und wird gerne auf Partys serviert.

# FLIEGENDER JAKOB

4 Port.

40 Min.

Leicht

**Zutaten**

500 g Hühnchen
140 g Bacon
300 ml Schlagsahne
100 ml Chilisauce
1 Prise Chilipulver
1 EL Hühnerbrühe (Instantpulver)
75 g Erdnüsse, ungesalzen
2 Bananen
2 Beutel Reis (ca. 250 g Trockengewicht)

**Nährwerte p. P.**

*669 kcal*
*14 g Kohlenhydrate*
*42 g Eiweiß*
*49 g Fett*

1 Heizen Sie den Ofen auf 225 °C Ober-/Unterhitze vor.

2 Zerkleinern Sie den Bacon in Stücke und braten Sie ihn in einer heißen Pfanne knusprig. Legen Sie die Baconstücke zum Abtropfen auf Küchenkrepp. Waschen Sie das Hühnerfleisch und tupfen Sie es trocken. Geben Sie es in die gleiche Pfanne, in der Sie zuvor den Bacon angebraten haben. Braten Sie das Fleisch, bis es gar ist und eine ansehnliche Farbe hat.

3 Schneiden Sie das Hühnerfleisch in Streifen und die Bananen in Scheiben. Verteilen Sie beides zusammen mit dem gebratenen Bacon in einer Auflaufform.

4 Schlagen Sie die Sahne steif und mischen Sie sie anschließend mit der Chilisauce, dem Chilipulver und der Instant-Hühnerbrühe.

5 Verteilen Sie die Sahne-Mischung gleichmäßig über dem Inhalt der Auflaufform.

6 Zum Abschluss hacken Sie die Erdnüsse und streuen sie darüber.

7 Stellen Sie die Auflaufform auf die mittlere Schiene des Ofens und reduzieren Sie die Temperatur auf 175 °C. Überbacken Sie das Gericht für etwa 20 Minuten.

8 Während der Auflauf im Ofen gart, kochen Sie den Reis in Salzwasser und servieren ihn als Beilage.

## JANSSONS FRESTELSE

# JANSSON'S VERSUCHUNG

Die genaue Herkunft von "Janssons frestelse" ist nicht eindeutig geklärt, aber es wird oft angenommen, dass es in den späten 1800er oder frühen 1900er Jahren in Schweden entstanden ist. Es gibt verschiedene Geschichten über die Namensgebung des Gerichts, aber eine gängige Theorie besagt, dass es nach einem schwedischen Journalisten namens Pelle Janzon benannt wurde, der für seine Liebe zu diesem Auflauf bekannt war.

Janssons frestelse wird oft als Beilage zu verschiedenen Fleischgerichten serviert, insbesondere zu schwedischem Weihnachtsschinken oder Köttbullar. Es gehört zur klassischen schwedischen Hausmannskost und darf in dieser Rezeptsammlung keinesfalls fehlen. Hier finden Sie eine kleine, herzhafte Abwandlung, in der die saftigen Anchovis auf herzhaften Speck treffen.

# JANSSON'S VERSUCHUNG

4 Port.

90 Min.

Leicht

**Zutaten**

700 g rohe Kartoffeln
250 g marinierte Sardellenfilets (Anchovis)
2 große Zwiebeln
400 ml Sahne
3 EL Paniermehl
75 g Speckwürfel
Salz und Pfeffer
etwas Butter für die Form und die Flöckchen

**Nährwerte p. P.**

*546 kcal*
*53 g Kohlenhydrate*
*18 g Eiweiß*
*28 g Fett*

1 Heizen Sie den Backofen auf 230 °C Ober-/Unterhitze vor und streichen Sie eine Auflaufform mit Butter aus. Erhitzen Sie etwas Butter in einer Pfanne und lassen Sie die Speckwürfel darin aus. Anschließend beiseitestellen.

2 Gießen Sie die Sardellenfilets ab und fangen Sie den Saft auf. Die Sardellenfilets in Stücke schneiden. Schälen Sie die Kartoffeln und die Zwiebeln und schneiden Sie beides in Streifen. Legen Sie zuerst eine Lage Kartoffeln, dann eine Lage Zwiebeln, darüber Sardellen, dann wieder Kartoffeln usw. Fahren Sie auf diese Weise fort, bis die Auflaufform gut gefüllt ist bzw. die Zutaten aufgebraucht sind. Schließen Sie mit Kartoffeln ab. Drücken Sie die obere Lage mit der Hand leicht an. Geben Sie als Abschluss den ausgelassenen Speck samt des Bratsafts obenauf.

3 Verrühren Sie in einer Schüssel die Sahne mit der Sardellenflüssigkeit sowie Salz und Pfeffer. Gießen Sie die Marinade über den Auflauf und streuen Sie das Paniermehl darüber. Reiben Sie ein paar Butterflöckchen über den Auflauf. Das Ganze eine Stunde lang auf mittlerer Schiene im Ofen garen.

4 Falls die obere Schicht zu schnell braun wird, können Sie die Auflaufform mit Alufolie abdecken.

WALLENBERGARE

# RINDERHACKFLEISCHKOTELETTS

4 Port. 35 Min. Leicht

**Zutaten**

640 g Hackfleisch vom Kalb
6 Eigelb
600 ml Schlagsahne
2 TL Salz
2 Prisen Pfeffer
etwas Paniermehl
etwas Butter zum Braten

**Nährwerte p. P.**

*815 kcal*
*12 g Kohlenhydrate*
*40 g Eiweiß*
*68 g Fett*

1 Vor Beginn sollten Sie sicherstellen, dass das Kalbshackfleisch gut durchgekühlt ist. Das ist essenziell für die weitere Verarbeitung.

2 Vermengen Sie das Fleisch mit dem Eigelb, Salz und Pfeffer. Gießen Sie nach und nach die Sahne dazu und rühren Sie sie ein.

3 Streuen Sie eine dünne Schicht Paniermehl auf einem Bogen Backpapier aus. Teilen Sie nun das Hackfleisch in vier gleiche Teile. Formen Sie das Fleisch zu länglich-ovalen Bällen und wälzen Sie diese in dem Paniermehl. Mit der Hand vorsichtig plattdrücken (bis auf ca. 1,5 cm Dicke). Nun sollten sie aussehen wie Koteletts.

4 Erhitzen Sie die Butter in einer Pfanne und braten Sie die Frikadellen bei schwacher Hitze goldbraun. Nach etwa vier Minuten pro Seite sind sie normalerweise ideal, außen gefärbt und innen noch hell.

5 Vor dem Servieren geben Sie noch etwas von der geschmolzenen Butter aus der Pfanne darüber. Servieren Sie die Wallenbergare mit feinem Kartoffelpüree, grünen Erbsen und Preiselbeeren.

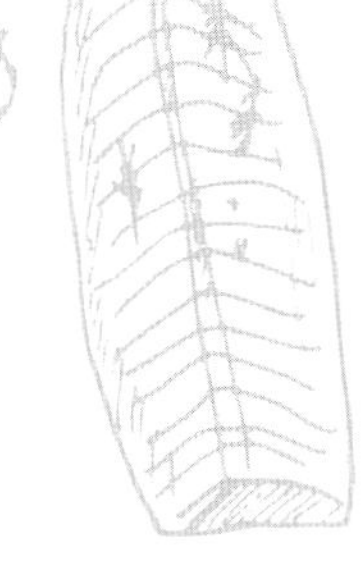

PANNBIFFAR

# SCHWEDISCHE HACKSTEAKS

Pannbiffar unterscheiden sich deutlich von den zunächst ähnlich erscheinenden Wallbergare, allein schon durch die Gewürzmischung. Aber auch das verwendete Hackfleisch macht geschmacklich einen immensen Unterschied.

3 Port.

25 Min.

Leicht

**Zutaten**

400 g gemischtes Hackfleisch
1 kleine Zwiebel
1 Ei
1 Knoblauchzehe
2 EL Kartoffelstärke
3 EL Sahne
1 TL Dijon-Senf
2 Prisen gemahlener Kryddpeppar (schwedischer Gewürzpfeffer)
2 Prisen gemahlener Ingwer
2 Prisen gemahlener schwarzer Pfeffer
1 - 2 Teelöffel Salz

**Nährwerte p. P.**

*371 kcal*
*10 g Kohlenhydrate*
*72 g Eiweiß*
*77 g Fett*

1 Schälen Sie die Zwiebel und den Knoblauch und hacken Sie beides sehr fein. Mischen Sie in einer Schüssel das Hackfleisch, die Zwiebel- und Knoblauchstücke, das Ei und die Kartoffelstärke sowie den Senf und die Gewürze. Mischen Sie alles gründlich durch. Fügen Sie nun die Sahne hinzu und verkneten Sie die Zutaten zu einer homogenen Masse. Formen Sie aus dem Fleisch Klopse in der von Ihnen bevorzugten Größe.

2 Erhitzen Sie etwas Öl in einer Pfanne und braten Sie die Fleischklopse auf beiden Seiten goldbraun. Achten Sie darauf, dass sie so langsam garen, dass sie innen durch und außen ansprechend gefärbt sind.

3 Die fertigen Fleischklopse können mit Beilagen Ihrer Wahl serviert werden, wie zum Beispiel Kartoffelpüree, Gemüse oder Salat.

PITEPALT MED SMÖR OCH RÅRÖRDA LINGON

# KARTOFFELKLÖẞCHEN MIT SPECKFÜLLUNG UND PREISELBEEREN

 4 Port.
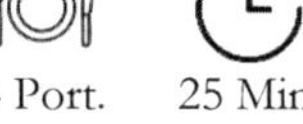 25 Min.
 Mittel

**Zutaten**

1 ½ kg mehlige Winterkartoffeln, z. B. Mandelpotatoes
2 TL Salz
360 g Gerstenmehl
90 g Weizenmehl
300 g geräucherter Speck
½ Zwiebel
1 Prise gemahlener Kryddpeppar (schwedischer Gewürzpfeffer)
2 EL geschmolzene Butter sowie etwas Butter zum Braten
Preiselbeeren (aus dem Glas) zum Servieren

**Nährwerte p. P.**

*1014 kcal*
*149 g Kohlenhydrate*
*30 g Eiweiß*
*30 g Fett*

1 Schälen Sie die Kartoffeln und reiben Sie sie auf der groben Seite einer Reibe. Die Kartoffeln in einem Sieb abtropfen lassen. Mischen Sie die geriebenen Kartoffeln mit Mehl und Salz, danach kurz stehen und quellen lassen.

2 Bringen Sie in einem großen Topf Wasser mit etwas Salz zum Kochen. Hacken Sie die Zwiebel fein und schneiden Sie den Speck in Würfel. Braten Sie die Zwiebel und den Speck in einer Pfanne mit Butter an, bis sie leicht gebräunt sind. Würzen Sie mit Kryddpeppar. Formen Sie den Teig zu 16 Kugeln. Drücken Sie die Kugeln leicht flach und drücken Sie mit Ihrem Daumen eine Mulde in die Klößchen. Legen Sie etwas Speck hinein und rollen Sie die Kugeln wieder zu. Der Teig sollte dabei nicht reißen oder an einer Seite deutlich dünner sein.

3 Kochen Sie die "Palten" vorsichtig für etwa 40 Minuten in dem kochenden Salzwasser. Nehmen Sie sie mit einem Schaumlöffel heraus und stellen Sie sie warm. Schmelzen Sie nochmals etwas Butter und beträufeln Sie die Klößchen damit.

4 Servieren Sie die Klößchen mit geschmolzener Butter und Preiselbeeren.

# Huvudrätter med fisk och skaldjur

# Hauptgerichte mit Fisch & Meeresfrüchte

GRAVAD LAX

# KLASSISCHER GEBEIZTER LACHS

1 Lachsseite (ca. 10 Port.)

20 Min. + 3 Tage Ruhezeit

Mittel

**Zutaten**

1 kg Lachsfilet ohne Gräten (Lachsseite)
4 EL Kristallzucker
3 EL Salz
1 TL weiße Pfefferkörner
100 g grob gehackter Dill (einschließlich der Stängel)

**Nährwerte p. P.**

*248 kcal*
*6 g Kohlenhydrate*
*21 g Eiweiß*
*16 g Fett*

1 Zerstoßen Sie die weißen Pfefferkörner in einem Mörser und vermengen Sie sie mit dem Zucker und dem Salz. Waschen und hacken Sie den Dill mitsamt den Stängeln, da in ihnen viel Aroma steckt. Heben Sie ihn unter die Gewürze.

2 Streuen Sie die Würzmischung auf einen Bogen Backpapier oder auf eine flache Schale, die es zulässt, dass Sie die Lachsseite darauflegen können. Legen Sie das Lachsfilet mit der Hautseite nach unten auf die Mischung. Bedecken Sie die Lachsfilets gleichmäßig mit der restlichen Mischung. Umwickeln Sie das in Gewürze eingehüllte Lachsfilet fest mit Klarsichtfolie. Beschweren Sie den Fisch mit einem Tablett oder anderen schwereren Dingen, die einen gleichmäßigen Druck ausüben.

3 Legen Sie das Lachsfilet für drei Tage in den Kühlschrank, damit sie gut durchziehen können. Zwischendurch sollten Sie die Flüssigkeit abgießen, falls sich welche gebildet haben sollte, und das Filet täglich einmal wenden.

4 Im Anschluss können Sie den Lachs in dünne Scheiben schneiden und mit Dill, Senfsoße, Kartoffeln und eingelegten Gurken servieren. Er hält sich aber auch ca. zwei Wochen im Kühlschrank. Sie können den Gravad Lax aber auch ebenso gut einfrieren.

ÅLÄNDSK FISKSOPPA

# ÅLAND-FISCHSUPPE

4 Port.

20 Min. + 3 Tage Ruhezeit

Mittel

**Zutaten**

400 g entgrätete Barschfilets
600 ml Wasser
6 Pfefferkörner
2 Lorbeerblätter
1 Fischbrühwürfel
200 g Möhren
200 g Kartoffeln
1 Zwiebel
200 ml Sahne
3 EL gehackter Dill sowie einige Zweige zur Garnitur
Salz
frisch gemahlener weißer Pfeffer

**Nährwerte p. P.**

*248 kcal*
*6 g Kohlenhydrate*
*21 g Eiweiß*
*16 g Fett*

1 Schälen Sie die Möhren, die Kartoffeln und die Zwiebel und schneiden Sie alles in Streifen. Setzen Sie einen Topf mit Wasser auf. Geben Sie die Pfefferkörner, die Lorbeerblätter und den Brühwürfel hinein und kochen Sie es auf.

2 Geben Sie nun das Gemüse in den Topf und kochen Sie es, bis es weich ist. Das dürfte etwa zwölf Minuten in Anspruch nehmen. Unterdessen waschen Sie das Barschfilet unter fließendem Wasser kurz ab und schneiden es in Stücke. Fügen Sie die Fischstücke dem Topfinhalt hinzu und gießen Sie die Sahne an. Kochen Sie die Fischsuppe auf kleiner Flamme für weitere zehn Minuten.

3 Schmecken Sie mit Salz und Pfeffer ab und servieren Sie die Åland-Fischsuppe mit etwas frischem Dill garniert.

SKALDJURSPAJ

# MEERESFRÜCHTEQUICHE

Quiche ist nicht nur hierzulande ein beliebter Klassiker, sondern auch in Schweden. Hier wird sie gern mit alldem zubereitet, was das Meer an Leckereien bietet, ganz gleich, ob Fisch, Garnelen, Muscheln oder Tintenfisch. Besonders beliebt ist sie beim Smörgåsbord, weil sie sich so gut vorbereiten lässt. In dieser einfacheren und kostengünstigeren Variante verwenden wir Surimi-Sticks, die im Zusammenspiel mit den Garnelen eine hervorragende Figur machen. Bei Bedarf können Sie die Quiche sowohl vorbereitet als auch fertig gebacken einfrieren. Sie hält sich aber auch einige Tage im Kühlschrank. So haben Sie ein blitzschnell zubereitetes Soulfood-Abendessen nach einem langen und stressigen Arbeitstag. Wenn Sie schon bei der Zubereitung Zeit sparen möchten, können Sie auch auf fertigen Quicheteig aus dem Kühlregal zurückgreifen.

# MEERESFRÜCHTEQUICHE

6 Port.

20 Min. + 40 Min. Ruhezeit + 30 Min. Backzeit

Mittel

**Zutaten**

**Für den Teig:**
250 g Weizenmehl sowie etwas zum Ausmehlen der Form
1 TL Salz
150 g weiche Butter sowie etwas Butter für die Form
2 TL Essig (12 %)
1 - 2 EL Wasser

**Für die Füllung:**
300 g große Garnelen, küchenfertig
200 g Surimi-Sticks
1 rote Zwiebel
3 EL gehackter frischer Dill

**Für den Guss:**
4 Eier
300 ml Sahne
150 g geriebener Käse, z. B. Emmentaler
Salz
schwarzer Pfeffer

## Nährwerte p. P.

*658 kcal*
*35 g Kohlenhydrate*
*32 g Eiweiß*
*43 g Fett*

1 Heizen Sie den Backofen auf 200 °C Ober-/Unterhitze vor und streichen Sie eine Quicheform mit Butter aus. Anschließend gut ausmehlen.

2 Vermengen Sie in einer Schüssel das Weizenmehl und das Salz und rühren Sie mit Hilfe des Handrührgeräts den Essig und die Butter unter. Fügen Sie nach und nach etwas Wasser hinzu. Die benötigte Menge variiert je nachdem, wie warm die Butter ist. Verkneten Sie den Teig, bis er eine gleichmäßige Textur aufweist. Formen Sie ihn rasch zu einer Kugel und lassen Sie ihn zehn Minuten ruhen. Wenn der Teig nach Ende der Ruhezeit zu klebrig geworden ist, können Sie etwas mehr Mehl hinzufügen. Bemehlen Sie Ihre Arbeitsfläche sowie Ihre Hände und rollen Sie den Teig mit einem Nudelholz aus. Legen Sie ihn in die Quicheform und drücken Sie ihn ringsum etwas an. Mit einer Gabel vereinzelt in den Boden und in den Rand stechen. Stellen Sie die Form für 30 Minuten in den Kühlschrank.

3 Stellen Sie die Quicheform auf die mittlere Schiene des Backofens und backen Sie den Teigboden zehn Minuten vor.

4 In der Zwischenzeit schneiden Sie die Surimi-Sticks in mehrere Stücke, so wie Sie es von der Größe her ansprechend finden. Die küchenfertigen Garnelen ggf. noch einmal abspülen und falls nötig in mundgerechte Stücke schneiden. Sie können allerdings auch so verwendet werden, wie sie sind.

5 Schälen und hacken Sie die rote Zwiebel, waschen und hacken Sie den Dill. Behalten Sie ein paar Zweige als Garnitur zurück. Legen Sie Garnelen, Surimi, Zwiebel und Dill in den vorgebackenen Teigboden und vermengen Sie alles.

6 Verquirlen Sie in einer zweiten Schüssel die Eier mit der Sahne und dem Käse und würzen Sie kräftig mit Salz und Pfeffer. Gießen Sie die Eiermasse über die Quiche und backen Sie sie für 30 Minuten auf mittlerer Schiene im Ofen. Mit Dill dekorieren und zu Tisch bringen.

PANKOPANERAD STRÖMMING MED POTATISMOS

# PANIERTE HERINGSFILETS MIT KARTOFFELPÜREE

4 Port. 60 Min. Mittel

**Zutaten**
**Für den Hering:**

500 g Heringsfilets
100 g Mehl
1 Knoblauchzehe
1 Handvoll Panko-Paniermehl
4 Eier
100 ml Sahne
100 ml Vollmilch
4 EL Dijon-Senf
Salz und Pfeffer

**Für das Kartoffelpüree:**

1 kg mehligkochende Kartoffeln
300 ml lauwarme Vollmilch
1 Eigelb
1 EL Butter
Muskatnuss
Salz und Pfeffer

**Für die Grütze:**

250 g gefrorene Preiselbeeren
85 g Zucker

1 Spülen Sie die Heringsfilets unter fließendem Wasser ab und schneiden Sie die Rückenflossen ab. Verquirlen Sie in einer Schüssel die Sahne, die Milch, drei Eier und den Senf, pressen Sie die zuvor geschälte Knoblauchzehe in die Mischung.

2 Wälzen Sie die Heringsfilets darin und lassen Sie die Filets am besten über Nacht in der Mischung ziehen. Wenn Sie das Gericht am selben Tag zubereiten wollen, ist dieser Schritt nicht unbedingt nötig. Dann belassen Sie den Fisch einfach so lange es geht in der Marinade und bereiten in der Zwischenzeit alle anderen Teile des Menüs vor.

3 Während der Fisch durchzieht, bereiten Sie die Preiselbeergrütze zu. Geben Sie hierfür die gefrorenen Preiselbeeren in eine Schüssel und fügen Sie den Zucker hinzu. Rühren Sie gründlich um. Lassen Sie die Preiselbeeren bei Raumtemperatur stehen und rühren Sie gelegentlich um, während Sie den Rest des Gerichts zubereiten. Der Zucker muss sich vollständig aufgelöst haben, bis Sie das gesamte Gericht zu Tisch bringen wollen. Unaufgelöster Zucker sorgt für ein schlechtes Mundgefühl.

4 Für die eingelegten Gurken mischen Sie den Essig, den Zucker und das Wasser in einem Topf. Geben Sie die weißen Pfefferkörner und das Lorbeerblatt hinzu. Bringen Sie die Mischung zum Kochen und rühren Sie um, bis sich der Zucker aufgelöst hat. Lassen Sie den Sud einige Minuten köcheln. Anschließend etwas abkühlen lassen.

**Für die eingelegten Gurken:**

1 Gurke
100 ml Essig (12 %)
160 g Zucker
300 ml Wasser
1 Lorbeerblatt
5 weiße Pfefferkörner

**Zum Garnieren:**

etwas Petersilie
etwas braune Butter

**Besonderes Equipment:**

Gemüsehobel
Kartoffelstampfer

**Nährwerte p. P.**

*1099 kcal*
*144 g Kohlenhydrate*
*36 g Eiweiß*
*40 g Fett*

5 Waschen Sie die Gurke und hobeln Sie sie in feine Streifen. Falls Sie keinen Hobel zur Hand haben, können Sie auch einen Sparschäler oder einfach ein Messer verwenden. Geben Sie die Gurke in eine Schüssel mit Deckel und gießen Sie den Sud darüber. Stellen Sie die Gurke bis zum Servieren im Kühlschrank kalt.

6 Unterdessen schälen und kochen Sie die Kartoffeln in Salzwasser, bis sie weich sind. Gießen Sie das Kochwasser ab, geben Sie die lauwarme Milch und das Eigelb in den Topf und stampfen Sie die Kartoffeln zu einem stückigen Brei. Schmelzen Sie die Butter in dem warmen Püree und heben Sie sie unter. Schmecken Sie mit Salz, Pfeffer und Muskat ab.

7 Holen Sie die Heringsfilets aus dem Kühlschrank und bauen Sie eine „Panierstraße" auf. Hierfür nehmen Sie drei Teller zur Hand und stellen sie in einer Reihe auf. Auf den ersten Teller geben Sie etwas Mehl, auf dem zweiten (idealerweise tiefen Teller) verquirlen Sie ein Ei und auf den dritten Teller geben Sie das Panko-Paniermehl. Wälzen Sie die Heringe nun zuerst im Mehl, ziehen Sie sie dann durch das Ei und zu guter Letzt wälzen Sie den Fisch im Pankomehl, bis er ringsum bedeckt ist.

8 Erhitzen Sie in einer Pfanne reichlich Butter und braten Sie die Heringsfilets darin bei mittlerer Hitze von beiden Seiten je zwei Minuten lang an, bis der Fisch ansehnlich goldbraun ist.

9 Zerlassen Sie gleichzeitig in einem weiteren Topf noch etwas Butter und bräunen Sie sie leicht an.

10 Servieren Sie die frisch gebratenen Heringsfilets mit dem Kartoffelpüree, der Preiselbeergrütze, den eingelegten Gurken, etwas brauner Butter und frischer Petersilie.

LUTEFISK MED VITSÅS OCH ÄRTER

# LAUGENFISCH MIT WEIẞER SOẞE UND ERBSEN

Bei Lutefisk handelt es sich um rehydrierten Stockfisch, meistens Dorsch oder Kabeljau. Die Zubereitung von Lutefisk beginnt mit getrocknetem Stockfisch (Fisch, der in der Luft getrocknet wurde) oder Kabeljau, der in einer Lauge aus Kalk eingeweicht wird. Dieser Prozess kann einige Wochen dauern und war historisch gesehen eine gute Methode, um Fisch für den Winter haltbar zu machen.

Lutefisk wird traditionell während der Weihnachtszeit in Schweden, Norwegen und anderen skandinavischen Ländern serviert. Lutefisk können Sie sehr gut in skandinavischen Onlineshops erwerben.

# LAUGENFISCH MIT WEISSER SOSSE UND ERBSEN

4 Port.

1,5 Std. + 4 Std. Wässerzeit

Mittel

**Zutaten**

**Für den Fisch:**
2 kg Lutefisk (Laugenfisch)
4 TL Salz

**Für die weiße Soße:**
2 EL Butter
2 EL Weizenmehl
300 ml Milch
100 ml Schlagsahne
Salz
frisch gemahlener Pfeffer
etwas geriebene Muskatnuss

**Für die Erbsen:**
250 g Butter
400 g grüne Erbsen (TK)
grob gemahlener Kryddpeppar (schwedischer Gewürzpfeffer)
grob gemahlener schwarzer Pfeffer

## Nährwerte p. P.

*1108 kcal*
*22 g Kohlenhydrate*
*100 g Eiweiß*
*68 g Fett*

1 Legen Sie den Lutefisk in eine Schüssel und gießen Sie reichlich Wasser darüber. Er muss nun 3 - 4 Stunden in dem Wasser wässern. Zwischendurch sollten Sie das Wasser regelmäßig wechseln, etwa ein Mal pro Stunde.

2 Heizen Sie den Ofen auf 200 °C Ober-/Unterhitze vor.

3 Nehmen Sie den Fisch heraus und legen Sie ihn mit der Seite, auf der die Haut war, in eine Auflaufform. Streuen Sie das Salz darüber und decken Sie die Form mit Alufolie ab. Stellen Sie die Form auf die mittlere Schiene im Backofen und garen Sie den Fisch für 40 - 50 Minuten.

4 Bereiten Sie währenddessen die Soße zu. Schmelzen Sie die Butter in einem Topf und streuen Sie das Mehl darüber. Rühren Sie, bis sich das Mehl aufgelöst hat. Fügen Sie nach und nach Milch und Sahne hinzu. Lassen Sie die Mehlschwitze zwischendurch immer wieder kurz aufwallen. Verrühren Sie die Zutaten zu einer glatten Soße. Köcheln Sie die Soße bei schwacher Hitze für 5 – 10 Minuten. Dabei immer wieder umrühren, damit sie nicht anbrennt. Schmecken Sie mit Salz, Pfeffer und Muskatnuss ab.

5 Klären Sie die Butter, indem Sie sie bei schwacher Hitze in einem Topf schmelzen lassen. Währenddessen nicht umrühren!

6 Gießen Sie die Butter in eine kleine Schüssel und warten Sie, bis sich das klare Fett oben abgesetzt hat. Nehmen Sie dieses ab und entsorgen Sie den Bodensatz. Kochen Sie die Erbsen in heißem Salzwasser. Anschließend herausnehmen und für eine Sekunde mit kaltem Wasser abschrecken. So behalten sie ihre wunderbar leuchtend grüne Farbe und eine knackige Konsistenz. Würzen Sie die Erbsen mit den beiden Pfeffersorten. Holen Sie den Fisch aus dem Ofen und servieren Sie ihn mit den Erbsen, der Soße und der geklärten Butter. Stellen Sie zum Nachwürzen Kryddpeppar bereit.

LAXPUDDING MED DILLSMÖR

# LACHSAUFLAUF MIT DILLBUTTER

4 Port. 45 Min. Leicht

**Zutaten**

750 g festkochende Kartoffeln
350 g Graved Lachs (in Scheiben)
200 g Sahne
200 ml Milch
2 Zwiebeln
10 g Butter sowie etwas Butter für die Form
3 Eier
1 Bund frischer gehackter Dill
frisch gemahlener bunter Pfeffer

**Für die Dillbutter:**

80 g weiche Butter
3 EL frischer gehackter Dill
Salz und Pfeffer
ein paar Tropfen Zitronensaft
einige Dillzweige als Garnitur

**Besonderes Equipment:**

Handrührgerät

**Nährwerte p. P.**

*698 kcal*
*41 g Kohlenhydrate*
*29 g Eiweiß*
*45 g Fett*

1 Setzen Sie einen großen Topf mit Salzwasser auf und kochen Sie darin für etwa 20 Minuten die ungeschälten Kartoffeln gar. Sie sollten noch so fest sein, dass sie später bei der Weiterverarbeitung nicht zerfallen. Anschließend abgießen und abkühlen lassen.

2 Heizen Sie den Backofen auf 180 °C Umluft vor und streichen Sie eine Auflaufform mit Butter aus. Pellen Sie die Kartoffeln und schneiden Sie sie in Scheiben. Schälen Sie die Zwiebeln und schneiden Sie diese in feine Ringe. Schichten Sie nun abwechselnd die Kartoffeln, die Zwiebeln, den Dill und den Lachs in die Auflaufform. Beginnen und enden Sie jeweils mit den Kartoffeln.

3 Verquirlen Sie in einer Schüssel die Sahne, die Milch und die Eier und würzen Sie kräftig mit Pfeffer. Salz wird nicht nötig sein, da der Lachs bereits recht salzig ist. Verteilen Sie die Eiermilch über dem Auflauf. Backen Sie den Laxpudding auf der mittleren Schiene des Ofens für ca. 50 Minuten. Währenddessen bereiten Sie die Dillbutter zu, indem Sie die Butter zusammen mit dem Dill, den Gewürzen und dem Zitronensaft in einer Schüssel mit dem Handrührgerät cremig rühren. Stellen Sie die Butter bis zum Servieren in den Kühlschrank.

4 Servieren Sie den Laxpudding nebst der Dillbutter mit ein paar frischen Zweigen Dill garniert.

TORSKBAKELSER MED RÄKOR

# KABELJAUKÜCHLEIN MIT GARNELEN

4 Port.

50 Min.

Mittel

## Zutaten

500 g Kabeljaufilet, idealerweise recht dünne Filets
300 g Garnelen mit Schale
600 ml Fischfond
2 Schalotten
1 kleine Möhre
120 g Knollensellerie
50 ml Weißwein
100 ml Sahne
etwas Speisestärke
Salz und Pfeffer
Cayennepfeffer
1 grünes Lauchblatt
etwas Butter zum Braten

## Nährwerte p. P.

*364 kcal*
*8 g Kohlenhydrate*
*42 g Eiweiß*
*17 g Fett*

1 Salzen Sie den Kabeljau und lassen Sie ihn etwa eine Stunde im Kühlschrank ruhen. Den Ofen auf 175 °C Ober-/Unterhitze vorheizen.

2 Schälen Sie die Garnelen und braten Sie die Schalen in einer Pfanne mit Butter an. Gießen Sie den Fischfond an und köcheln Sie alles für etwa 15 Minuten. Nehmen Sie die Schalen heraus und stellen Sie die aufgefangene Brühe beiseite. Schälen und hacken Sie die Möhre, die Schalotten und den Sellerie. Geben Sie das Gemüse in die gleiche Pfanne, in der Sie zuvor die Garnelenschalen angebraten haben und braten Sie es in etwas Butter an, ohne dass es zu bräunen beginnt.

3 Gießen Sie den Wein an und füllen Sie mit der Garnelenbrühe und der Sahne auf. Reduzieren Sie den Fond auf ca. 500 ml. Bei Bedarf binden Sie mit etwas in Wasser aufgelöster Speisestärke ab. Die Soße sollte nicht zu dünn sein, eher samtig und sämig. Falls Sie Speisestärke zugegeben haben, kochen Sie den Fond für eine Minute auf. Schmecken Sie mit Salz, Pfeffer und Cayennepfeffer ab.

4 Schneiden Sie die Kabeljaufilets der Länge nach auseinander und formen Sie sie auf einem mit Backpapier ausgelegtem Backblech zu füllbaren Kringeln. Üblicherweise behält der Fisch seine Form. Falls nicht, schneiden Sie aus dem Lauchblatt sehr feine Streifen und umwickeln das Filet damit. Das ist nicht nur zweckmäßig, sondern auch dekorativ und gibt geschmacklich noch mehr Fülle.  Rühren Sie nun die geschälten Garnelen in die Soße ein und befüllen Sie die Fischfiletförmchen damit.

5 Im Ofen auf mittlerer Schiene ca. 20 Minuten backen, bis der Fisch fast gar ist.

6 Genießen Sie die Küchlein zu Kartoffelpüree, grünem Salat oder gedämpftem Gemüse.

INLAGD SILL

# EINGELEGTER HERING

Inlagd Sill, also eingelegter Hering, ist eine schwedische Kochtradition, bei der Hering in den unterschiedlichsten Soßen und Gewürzen eingelegt wird. Inlagd Sill wird oft zum Smörgåsbord serviert.

**Zutaten**

450 g Heringsfilets (z. B. von ABBA Kungshamn)
50 ml Essig (12 %)
150 ml Wasser
65 g Zucker
½ TL zerstoßener weißer Pfeffer
2 TL zerstoßene Pimentkörner
1 Lorbeerblatt
5 Nelken
1 rote Zwiebel
1 Stück Lauch, ca. 10 cm
1 kleine Möhre

**Nährwerte p. P.**

*378 kcal*
*21 g Kohlenhydrate*
*19 g Eiweiß*
*24 g Fett*

1 Spülen Sie die Heringsfilets unter fließendem Wasser ab und schneiden Sie sie in grobe Stücke. Schälen Sie die Möhre und die Zwiebel, putzen Sie den Lauch und schneiden Sie alles in nicht allzu große Stücke.

2 Geben Sie den Essig, das Wasser, den Zucker, den zerstoßenen weißen Pfeffer, die zerstoßenen Pimentkörner, das Lorbeerblatt und die Nelken in einen Topf und kochen Sie den Einmachsud für fünf Minuten auf. Nehmen Sie den Topf vom Herd, anschließend den Sud im Kühlschrank abkühlen lassen. Schichten Sie den Hering abwechselnd mit den Zwiebeln, dem Lauch und den Möhrenstücken in ein ausgekochtes Einmachglas und gießen Sie den Gewürzsud darüber. Lassen Sie den eingelegten Hering zwei Tage im Kühlschrank ziehen.

3 Servieren Sie den Inlagd Sill zu frischem Brot und Butter oder belegen Sie damit Ihr Sandwich.

## Vegetariska huvudrätter

# Vegetarische Hauptgerichte

VEGETARISKA KÖTTBULLAR MED ÖTPOTATISMOS

# VEGETARISCHE BÄLLCHEN MIT SÜẞKARTOFFELSTAMPF UND SOẞE

Köttbullar (gesprochen „Schöttbullar“) sind zweifelsohne ein Klassiker der schwedischen Küche, und das nicht erst, seit ein blau-gelbes Möbelhaus sie zu uns gebracht hat. Sie erfreuen sich stets großer Beliebtheit und sind sowohl ein heiß geliebter Imbiss als auch eine kreative und vollwertige Mahlzeit, wenn man sich traut, etwas mit den Zutaten und Beilagen zu variieren. Welches Gericht würde sich also besser vegetarisch zubereiten lassen als die viel verzehrten Bällchen? Hier zeigen wir Ihnen eine schmackhafte vegetarische Variante. Gut für die Gesundheit und den Planeten.

# VEGETARISCHE BÄLLCHEN MIT SÜSS-KARTOFFELSTAMPF UND SOSSE

4 Port.

60 Min

Mittel

**Zutaten**

**Für den Süßkartoffelstampf:**

4 mittelgroße Süßkartoffeln
200 g frischer Kürbis (vorzugsweise Hokkaido)
1 EL flüssige Gemüsebrühe
125 g Ricotta
etwas Öl zum Garen

**Für die vegetarischen Bällchen:**

250 g Champignons, fein gehackt
1 Knoblauchzehe
100 g Grünkohl
200 g gekochter Wildreis
200 g getrocknete grüne Linsen
2 Eier
125 g Ricotta
150 g Paniermehl
1 TL flüssige Gemüsebrühe
Salz und Pfeffer
nach Belieben Paprikapulver, Liebstöckel, Thymian und Rosmarin
etwas Öl zum Backen

1 Heizen Sie den Ofen auf 200 °C Ober-/Unterhitze vor. Kochen Sie den Wildreis und die Linsen nach Packungsanweisung.

2 Putzen Sie die Champignons (nicht waschen!), erhitzen Sie das Öl in einer Pfanne und braten Sie die Pilze scharf an. Schälen und hacken Sie den Knoblauch, waschen und hacken Sie den Grünkohl und braten Sie beides für einige Minuten in der Pfanne mit. Vermengen Sie in einer Schüssel den gekochten Reis, die Pilz-Gemüse-Mischung und die Linsen mit dem Paniermehl. Mixen Sie die Zutaten zu einem geschmeidigen Brei, der leicht klebrig sein darf. Geben Sie nun die Eier, den Ricotta und die Gemüsebrühe mit in das Mixgefäß und mixen Sie die Zutaten nochmals gründlich durch. Schmecken Sie die Masse mit den Gewürzen Ihrer Wahl herzhaft ab. Formen Sie die Linsenmasse zu kleinen Bällchen und legen Sie sie auf ein mit Backpapier ausgelegtes Backblech. Tupfen Sie mit einem Backpinsel etwas Öl auf die Bällchen und backen Sie sie auf mittlerer Schiene im Ofen für 20 Minuten goldbraun.

3 Anschließend beiseitestellen und warmhalten.

4 Unterdessen können Sie sich dem Süßkartoffelstampf widmen. Hierfür die Hitze des Ofens auf 180 °C reduzieren. Die Süßkartoffeln und den Kürbis schälen, beim Kürbis die Kerne entfernen und beides in grobe Würfel schneiden.

**Für die Soße:**

1 Zwiebel
250 g Champignons
2 EL flüssige Gemüsebrühe
125 g Ricotta
4 EL neutrales Öl
80 ml Sojacreme

**Zusätzliches Equipment:**

Mixer
Kartoffelstampfer

etwas krause Petersilie als Garnitur

**Nährwerte p. P.**

*1016 kcal*
*134 g Kohlenhydrate*
*38 g Eiweiß*
*32 g Fett*

5 Legen Sie das Gemüse auf das Backblech (Sie können das zuvor verwendete Backpapier noch mal benutzen) und beträufeln Sie es mit Öl. Auf mittlerer Schiene im Ofen für 20 Minuten garen. Direkt nach dem Herausholen geben Sie die Gemüsestücke in eine Schüssel und zermusen sie zusammen mit dem Ricotta und der Gemüsebrühe zu einem feinen Püree. Ebenfalls warm stellen.

6 Für die Soße schälen und würfeln Sie zunächst die Zwiebel und putzen die Pilze. Erhitzen Sie das Öl in einer Pfanne, braten Sie die Zwiebeln und die Champignons darin an. Löschen Sie mit der Gemüsebrühe und dem Wasser ab und gießen Sie die Sojacreme an. Reduzieren Sie die Hitze und rühren Sie den Ricotta ein. Für weitere zehn Minuten bei schwacher Hitze köcheln lassen und gelegentlich umrühren.

7 Servieren Sie die Bällchen mit dem Püree und der Soße und garnieren Sie nach Wunsch mit frischer Petersilie.

VEGETARISKA KROPPKAKOR MED RÅRÖRDA LINGON

# VEGETARISCHE KARTOFFELKLÖẞE MIT FRISCHEN PREISELBEEREN

4 Port. 60 Min. Leicht

**Zutaten**
**Für den Teig:**
10 mittelgroße Kartoffeln (King Edward)
150 g Weizenmehl
1 Ei
1 TL Salz

**Für die Füllung:**
2 gelbe Zwiebeln
200 g Champignons
1 EL Butter oder Margarine
½ TL gemahlener Pfeffer
½ TL Salz
2 EL frische gehackte Petersilie

**Zum Kochen:**
2 l Wasser
3 TL Salz

**Für die Preiselbeerbeilage:**
200 g Preiselbeeren
60 g Zucker

**Zusätzliches Equipment:**
Kartoffelpresse

### Nährwerte p. P.

*426 kcal*
*82 g Kohlenhydrate*
*11 g Eiweiß*
*4 g Fett*

1 Schälen Sie die Kartoffeln, setzen Sie einen Topf mit Salzwasser auf und kochen Sie die Kartoffeln darin gar. Schütten Sie das Kochwasser ab und drücken Sie die noch warmen Kartoffeln durch die Kartoffelpresse. Anschließend abkühlen lassen. Geben Sie das Kartoffelmus in eine Schüssel und verkneten Sie es mit dem Mehl, dem Ei und dem Salz. Kneten Sie den Teig allerdings nicht zu sehr, damit er nicht klebrig wird.

2 Für die Füllung schälen Sie die Zwiebeln und würfeln sie fein. Putzen und hacken Sie die Champignons. Erhitzen Sie die Butter in einer Pfanne und braten Sie beides für ein paar Minuten darin an. Fügen Sie Pfeffer, Salz und Petersilie hinzu. Die Füllmasse etwas erkalten lassen.

3 Formen Sie den Kartoffelteig zu einer Rolle und schneiden Sie von der Rolle gleich große Stücke ab. Drücken Sie in jedes Stück eine Vertiefung, geben Sie die Gemüsefüllung in die Mulde und wickeln Sie die Kroppkakor wieder zu. Achten Sie darauf, dass der Teig an der Verschlussstelle nicht zu dünn wird oder reißt.

4 Bringen Sie Wasser mit Salz in einem Topf zum Kochen. Legen Sie die Klößchen hinein und lassen Sie sie dort für etwa zehn Minuten gar ziehen.

5 Für die Rårörda Lingon mischen Sie die Preiselbeeren und den Zucker. Holen Sie die fertigen Kroppkakor mit einem Schaumlöffel aus dem Kochwasser und servieren Sie die Klößchen zusammen mit den frischen Preiselbeeren.

VEGETARISK JULSKINKA

# VEGETARISCHER WEIHNACHTS"SCHINKEN"

Die Tradition, zu Weihnachten einen Schweinebraten, den „Weihnachtsschinken“, zu essen, geht in Schweden auf das Mittelalter zurück. In der Vergangenheit war Fleisch generell ein Luxusgut, den sich die meisten Menschen nur einmal im Jahr leisten konnten und da fiel die Wahl natürlich auf das wichtigste Fest im ganzen Jahr, nämlich Weihnachten.

Und auch wenn sich dieser Brauch bis heute gehalten hat, entscheiden sich immer mehr Menschen aus vielen guten Gründen für eine vegetarische Lebensweise. Das bedeutet aber keineswegs, dass man auf geliebte Bräuche verzichten muss! Der schwedische Weihnachtsschinken wird traditionell mit Senf zubereitet, was die Schaffung vegetarischer Alternativen einfach macht, da Senf viel Geschmack einbringt. Typischerweise serviert man den „echten“ Weihnachtsschinken mit Brot, Knäckebrot, Kartoffeln, Rotkohl, Wurst (oder vegetarischer Wurst) und eingelegten Heringen. Auch wenn die gewählten Beilagen von Region zu Region und von Familie zu Familie variieren, können Sie diese vegetarische Variante mit genau denselben Beilagen zu Tisch bringen wie das Original. Versuchen Sie sich an diesem Rezept und genießen Sie ein schwedisches vegetarisches Stück Weihnachten.

# VEGETARISCHER WEIHNACHTS"SCHINKEN"

4 Port.

2,5 Std.

Leicht

**Zutaten**

800 g Kohlrabi (4 etwa gleich große Knollen)
2 l Wasser
2 Gemüsebrühwürfel
3 Lorbeerblätter
10 Kreuzkümmelkörner
10 weiße Pfefferkörner
10 schwarze Pfefferkörner
2 TL Salz
1 TL Liquid Smoke (Raucharoma)

**Für die Glasur:**

2 EL Senf
30 g Paniermehl

**Nährwerte p. P.**

*92 kcal*
*15 g Kohlenhydrate*
*5 g Eiweiß*
*1 g Fett*

1 Schälen Sie die Kohlrabis, setzen Sie einen Topf mit Wasser auf und geben Sie die Kohlrabis hinein. Sie sollten komplett mit Wasser bedeckt sein. Fügen Sie den Brühwürfel, die Kreuzkümmelkörner, die verschiedenen Pfefferkörner, die Lorbeerblätter, das Salz und den Liquid Smoke in das Wasser. Legen Sie den Deckel auf den Topf und köcheln Sie die Kohlrabiknollen für 1,5 - 2 Stunden gar. Die Garzeit ist abhängig von der Größe der Kohlrabis. Stechen Sie im Zweifelsfall einmal mit einem scharfen Küchenmesser hinein. Wenn das Messer ohne viel Widerstand in das Gemüse gleitet, ist der Garpunkt perfekt.

2 Holen Sie die Kohlrabis mit einer Schaumkelle aus dem Wasser und lassen Sie sie so lange abkühlen, bis sie ohne Probleme angefasst werden können.

3 Heizen Sie den Backofen auf 225 °C Ober-/Unterhitze vor und legen Sie ein Backblech mit Backpapier aus. Verteilen Sie das Paniermehl auf einem Teller, bestreichen Sie die Kohlrabis ringsum mit Senf und wälzen Sie sie in dem Paniermehl, bis sie rundum bedeckt sind. Legen Sie die Knollen auf das Backblech, schieben Sie das Blech auf mittlerer Schiene in den Ofen und backen Sie die „Schinken" für 10 – 15 Minuten, bis die Glasur eine schöne Farbe bekommen hat.

VEGGIE – PYTTIPANNA

# WINZIG IN DER PFANNE

Pyttipanna, auch pytt i panna (zu Deutsch heißt es „winzig in der Pfanne") ist ein typisches Gericht zur Resteverwertung. Hinein kam schon seit eh und je, was gerade übrig und verfügbar ist. Daher weichen die Rezepte stark voneinander ab. Eines haben jedoch fast alle gemeinsam: das Spiegelei als Topping.

4 Port.

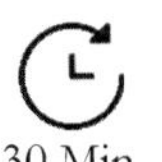
30 Min.

Leicht

**Zutaten**

200 g Zwiebeln
2 EL Olivenöl
1 kg Auberginen
220 g Halloumi-Käse
1 EL frischer Thymian
4 Eier
1 EL Butter
½ EL Worcestershire-Sauce
Salz und Pfeffer

**Nährwerte p. P.**

*337 kcal*
*10 g Kohlenhydrate*
*16 g Eiweiß*
*24 g Fett*

1 Schälen Sie die Zwiebeln und hacken Sie sie fein. Waschen Sie die Auberginen, entfernen Sie den Strunk und den Boden und schneiden Sie diese, ebenso wie den Halloumikäse, in mundgerechte Stücke.

2 Erhitzen Sie das Öl in einer Pfanne und braten Sie darin die Zwiebeln an. Geben Sie die Auberginen- und Halloumiwürfel mit hinzu und braten Sie alles, bis es eine schöne Farbe bekommt. Würzen Sie den Pfanneninhalt mit Salz und Pfeffer und streuen Sie den Thymian darüber. Nehmen Sie die Pfanne vom Herd nehmen und stellen Sie sie warm.

3 Erhitzen Sie eine zweite Pfanne, schmelzen Sie die Butter darin und schlagen Sie die Eier in die Pfanne. Braten Sie die Spiegeleier, bis das Eigelb die gewünschte Konsistenz hat. Die Eier aus der Pfanne nehmen, auf dem Gemüse-Käse-Gemisch drapieren und mit ein paar Tropfen Worchestersauce verfeinern.

VEGETARISK KÅLPUDDING

# VEGETARISCHER KOHLAUFLAUF

 4 Port.  60 Min.  Leicht

**Zutaten**

500 g formbares vegetarisches Hackfleisch
2 EL Rapsöl
1 kg Spitzkohl
2 Zwiebeln
2 Knoblauchzehen
50 g Butter
2 EL heller Sirup (Ljus Sirap)
1 EL Weizenmehl
250 ml Kochsahne
150 ml Crème fraîche
1 Gemüsebrühwürfel
2 EL helle Sojasoße
1 EL dunkle Sojasoße
Salz
frische Petersilie oder frischer Schnittlauch

**Für die Beilage:**

800 g gekochte Kartoffeln
150 g frische Preiselbeeren

**Nährwerte p. P.**

*736 kcal*
*53 g Kohlenhydrate*
*39 g Eiweiß*
*38 g Fett*

1 Heizen Sie den Ofen auf 175 °C Umluft vor. Erhitzen Sie das Rapsöl in einer Pfanne und braten Sie darin das vegetarische Hackfleisch an. Anschließend nehmen Sie es heraus und legen es auf einen Teller.

2 Entfernen Sie die äußersten Blätter des Spitzkohls, schneiden Sie den Strunk heraus und hacken Sie ihn in feine Stücke. Schälen Sie die Zwiebeln und den Knoblauch und hacken Sie beides ebenfalls sehr fein.

3 Erhitzen Sie die Butter in der Pfanne, in der Sie zuvor das Veggie-Hack brieten und braten Sie darin die Zwiebel- und Knoblauchstücke glasig. Fügen Sie nun das Gemüse hinzu und lassen Sie den Pfanneninhalt für acht Minuten köcheln. Stäuben Sie das Mehl über das Gemüse und schwitzen Sie das Gargut nochmals ringsum an. Verrühren Sie in einer Schüssel die Sojasoßen, den Sirup, den Brühwürfel und die Kochsahne und löschen Sie damit das Gemüse in der Pfanne ab. Geben Sie das zuvor gebratene Veggie-Hack wieder mit in die Pfanne und braten Sie die Zutaten für weitere fünf Minuten. Rühren Sie die Crème fraîche ein.

4 Füllen Sie die Mischung in eine Auflaufform und backen Sie den Kohlauflauf für etwa 30 Minuten auf der mittleren Schiene des Ofens.

5 Während der Auflauf gart, schälen und vierteln Sie die Kartoffeln. Setzen Sie einen Topf mit Salzwasser auf und kochen Sie die Kartoffelstücke darin gar. Waschen Sie die Preiselbeeren unter fließendem Wasser ab.

6 Holen Sie den fertigen Auflauf aus dem Ofen und bestreuen Sie ihn nach Ihren Wünschen mit Petersilie oder Schnittlauch und servieren Sie den Kohlauflauf mit den Salzkartoffeln und den frischen Preiselbeeren.

RÖDBETSBIFFAR

# ROTE-BETE-BULETTEN MIT ZIEGENKÄSECREME

4 Port.

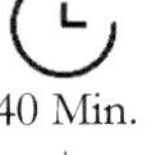
40 Min. + 10 Min. Quellzeit

Leicht

**Zutaten**

500 g Feuerbohnen, frisch
4 Eier
1 Bund gemischte Kräuter (zum Beispiel Petersilie, Salbei, Thymian, Rosmarin, Schnittlauch, Koriander)
2 Handvoll junge Brennnesselblätter
ein paar Blätter Knoblauchrauke oder Bärlauch
100 g Butter
200 ml Wasser + mehr Wasser, siehe Schritt 1
1 EL Öl
1 EL Gemüsebrühe, gekörnt
Salz, Pfeffer

**Nährwerte p. P.**

*466 kcal*
*32 g Kohlenhydrate*
*17 g Eiweiß*
*29 g Fett*

1 Schälen und raspeln Sie die Rote Bete. Schälen Sie auch die Zwiebeln und den Knoblauch, pressen Sie den Knoblauch in eine Schüssel, hacken Sie die Zwiebeln fein und geben Sie sie ebenfalls in die Schüssel. Nun die geraspelte Rote Bete hinzugeben. Vermengen Sie in einer zweiten Schüssel die Haferflocken mit den Eiern, dem Oregano, dem Salz und dem Pfeffer. Gießen Sie die Mischung anschließend über das Gemüse in der ersten Schüssel und lassen Sie das Ganze zehn Minuten quellen.

2 Heizen Sie den Ofen auf 225 °C Ober-/Unterhitze vor und legen Sie ein Backblech mit Backpapier aus.

3 Formen Sie aus der Rote-Bete-Haferflockenmischung Buletten und legen Sie sie auf das Backblech. Backen Sie die Rödbetsbiffar in der Mitte des Ofens für etwa 25 Minuten.

4 Bereiten Sie in der Zwischenzeit die Ziegenkäsecreme zu. Schneiden Sie hierfür den Ziegenkäse in kleine Stücke und geben Sie ihn in eine Schüssel. Fügen Sie Crème fraîche hinzu und zerdrücken Sie alles mit einer Gabel. Mit Salz und Pfeffer abschmecken und gerne auch einen Klecks flüssigen Honig hinzufügen.

5 Reichen Sie Nudeln zu den Rödbetsbiffar.

ROTMOS MED BRYNT SMØR, TOFU OCH ÄRTER

# WURZELPÜREE MIT BRAUNER BUTTER, GEBRATENEM TOFU UND ERBSEN

4 Port. 35 Min. Leicht

**Zutaten**

300 g Möhren
300 g Steckrüben
200 g Knollensellerie
200 g Pastinaken
100 ml Sahne
2,5 EL Butter
Salz
Pfeffer
Gemüsechips zur Dekoration (optional)

**Für die braune Butter:**

250 g Butter

**Für den Tofu:**

250 g Räuchertofu
eine Prise Kala Namak (Rauchsalz)
etwas Knoblauchöl zum Anbraten

1 Schälen Sie die Möhren, den Knollensellerie, die Pastinaken und die Steckrüben und würfeln Sie das Gemüse. Setzen Sie einen Topf mit Salzwasser auf und garen Sie die Gemüsewürfel darin, bis sie weich sind. Gießen Sie das Kochwasser ab und geben Sie die Sahne in den Topf. Pürieren Sie das Gemüse mit dem Stabmixer, bis es die von Ihnen gewünschte Konsistenz hat. Es kann sehr cremig oder auch noch leicht stückig sein, ganz wie Sie wünschen. Schmecken Sie das Rotmos mit Salz und Pfeffer ab und stellen Sie es warm.

2 Erhitzen Sie nun die Butter in einer kleinen Pfanne und köcheln Sie sie so lange, bis sie zu schäumen beginnt und kleine braune Flöckchen an die Oberfläche steigen. Obacht, dies geschieht sehr rasch! Geben Sie acht, dass die Butter nicht anbrennt. Sieben Sie die Butter durch ein sehr feinmaschiges Sieb in eine Schüssel. Die übriggebliebenen Butterbrösel aus dem Sieb können Sie

3 entweder entsorgen oder weiterverarbeiten. Die braune Butter in der Schüssel beiseitestellen.

**Außerdem:**

350 g grüne Erbsen (TK)
2 TL Butter

**Besonderes Equipment:**

Stabmixer

**Nährwerte p. P.**

*872 kcal*
*32 g Kohlenhydrate*
*21 g Eiweiß*
*70 g Fett*

4 Erhitzen Sie nun in einem weiteren Topf Salzwasser und geben Sie die noch gefrorenen Erbsen hinein. Kurz sprudelnd kochen lassen, sie sollten nicht zu weich werden. Nehmen Sie am besten nach ein paar Minuten eine Erbse heraus und überzeugen Sie sich vom Garfortschritt. Nach etwa acht Minuten sollten die Erbsen den idealen Biss haben. Schütten Sie das Kochwasser ab und schrecken Sie die Erbsen für eine Sekunde unter fließendem kaltem Wasser ab, damit sie nicht weiter garen. Die Butter über den Erbsen zerlaufen lassen, gut durchrühren und warm stellen.

5 Schneiden Sie den Räuchertofu in kleine Würfel. Erhitzen Sie die Pfanne, in der Sie zuvor die Butter gebräunt haben, geben Sie etwas Knoblauchöl hinein und braten Sie die Tofuwürfel kross. Würzen Sie mit dem Rauchsalz. Vorsicht bei der Dosierung. Rauchsalz ist sehr geschmacksintensiv.

6 Servieren Sie das Rotmos, dekoriert mit Gemüsechips, den Erbsen und dem Tofu. Reichen Sie in einer kleinen Sauciere die braune Butter.

KRÄMIG GRÖNKÅLSGRATÄNG MED LAGRAD OST

# CREMIGER GRÜNKOHLAUFLAUF MIT GEREIFTEM KÄSE

4 Port. 30 Min. Leicht

**Zutaten**

400 g frischer Grünkohl
1 große Zwiebel
2 Knoblauchzehen
1 Stange Lauch, nur das Weiße
1 EL Öl
1 TL Chilipulver
1 TL flüssiger Honig
2 Eier
200 ml Kochsahne (15 % Fett)
Salz und Pfeffer
150 g geriebener gereifter Käse (31 % Fett)
etwas Butter für die Form

**Nährwerte p. P.**

*330 kcal*
*14 g Kohlenhydrate*
*19 g Eiweiß*
*21 g Fett*

1 Heizen Sie den Backofen auf 200 °C Umluft vor und streichen Sie eine Auflaufform mit Butter aus. Setzen Sie einen Topf mit Salzwasser auf und bringen Sie es zum Kochen. Entfernen Sie vom Grünkohl die harten Stiele, brausen Sie ihn kurz mit Wasser ab, hacken Sie ihn und kochen Sie den Grünkohl für drei Minuten in dem heißen Salzwasser. Anschließend abgießen und gut abtropfen lassen.

2 Schälen und hacken Sie die Zwiebel und den Knoblauch. Ziehen Sie das äußere Blatt vom Lauch ab, schneiden Sie ihn in feine Ringe und brausen Sie ihn unter kaltem Wasser ab. Erhitzen Sie das Öl in einer Pfanne und braten Sie die Zwiebel und den Knoblauch darin weich.

3 Fügen Sie Chilipulver, Honig und den abgetropften Grünkohl sowie den Lauch hinzu. Braten Sie alles für ca. zehn Minuten weiter. Geben Sie die Gemüsefüllung in eine Auflaufform.

4 Schlagen Sie die Eier in eine Schüssel und verquirlen Sie sie mit der Kochsahne. Würzen Sie mit Salz und Pfeffer und heben Sie den geriebenen Käse unter die Mischung. Gießen Sie die Soße über den Grünkohl und backen Sie den Auflauf auf mittlerer Schiene im Ofen für 20 Minuten. Der Auflauf sollte eine appetitliche goldbraune Farbe angenommen haben. Bringen Sie den Auflauf so heiß wie möglich zu Tisch.

Veganska huvudrätter

# Vegane Hauptgerichte

SVAMP STROGANOFF MED RIS

# PILZGULASCH MIT REIS

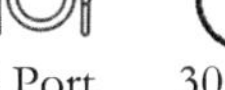

4 Port. 30 Min. Leicht

**Zutaten**

150 g Reis, ungekocht
750 g Champignons
1 mittelgroße Zwiebel
1 TL Rapsöl
3 EL Tomatenmark
2 Knoblauchzehen
300 ml Milch
2 TL Dijon-Senf
1 TL Balsamico-Essig
½ TL getrockneter Thymian
1 Prise Zucker
Salz und Pfeffer
2 EL gehackte frische Petersilie

**Nährwerte p. P.**

*330 kcal*
*14 g Kohlenhydrate*
*19 g Eiweiß*
*21 g Fett*

1 Setzen Sie einen Topf mit Salzwasser auf und kochen Sie den Reis nach Packungsanweisung.

2 Putzen Sie die Champignons (nicht waschen!) und schneiden Sie sie in Scheiben von etwa einem halben Zentimeter Dicke. Schälen Sie die Zwiebel und den Knoblauch und hacken Sie beides fein.

3 Erhitzen Sie das Öl in einer Pfanne und lassen Sie die Zwiebeln und den Knoblauch darin glasig aus. Fügen Sie die Pilze hinzu und braten Sie sie an, bis sie anfangen, Flüssigkeit abzugeben. Geben Sie Tomatenmark und Salz hinzu und braten Sie alles unter gelegentlichem Rühren etwa eine Minute lang.

4 Mischen Sie in einer zweiten Pfanne die Milch, den Dijon-Senf, den Balsamico-Essig, den Thymian und den Zucker, bringen Sie die Mischung zum Kochen und lassen Sie sie 5 - 10 Minuten köcheln.

5 Fügen Sie den Inhalt beider Pfannen zusammen, würzen Sie das Gericht mit Salz und Pfeffer nach Ihrem Geschmack. Servieren Sie es mit Reis und garnieren Sie es mit gehackter Petersilie.

CURRYKYCKLINGBAGUETTEN

# VEGANES CURRYHÜHNCHENBAGUETTE

Curry klingt nicht gerade nach typisch schwedischer Küche, dennoch ist das Curryhühnchenbaguette ein beliebter Klassiker als vollwertige Mahlzeit und quasi überall erhältlich. Seine Popularität kommt nahe an die unserer Currywurst heran. Currykycklingbaguetten lässt sich prima für unterwegs mitnehmen oder für Smörgåsbord vorbereiten. Damit auch Veganer nicht auf dieses Lieblingsessen verzichten müssen, haben wir folgendes Rezept für Sie zusammengestellt:

# VEGANES CURRYHÜHNCHENBA-GUETTE

4 Port.

15 Min.

Leicht

**Zutaten**

2 Baguettes, gerne rustikales Baguette
1 Spitzpaprika
Koriander als Garnitur
Sriracha-Sauce als Topping

**Für den Belag:**

1 Packung veganes Hühnchen (z. B. Hälsans kök Filetstücke, 320 g)
400 ml Hafer-Crème fraîche
200 ml vegane Mayonnaise
2 Äpfel
1 kleine Lauchzwiebel oder rote Zwiebel
1,5 EL Curry (alternativ ½ EL scharfes Curry)
2 TL Paprikapulver
2 TL Kurkuma
½ EL Mango Chutney
½ TL Salz
nach Belieben frisch gemahlener bunter Pfeffer

**Nährwerte p. P.**

*514 kcal*
*58 g Kohlenhydrate*
*16 g Eiweiß*
*23 g Fett*

1 Schälen Sie die Äpfel, entfernen Sie das Kerngehäuse und schneiden Sie sie in feine Streifen. Waschen Sie auch die Paprika und schneiden Sie sie in feine Streifen. Schälen und hacken Sie die Lauchzwiebel. Erhitzen Sie das Öl in einer Pfanne und braten Sie das vegane Hühnchen darin an.

2 Vermischen Sie in einer Schüssel die Hafer-Crème fraîche, die vegane Mayo, das Chutney und die Gewürze und heben Sie das noch warme Hühnchen unter.

3 Mit Salz und Pfeffer abschmecken.

4 Schneiden Sie die Baguettes auf und füllen Sie sie mit der Hühnchenmischung und der geschnittenen Paprika. Garnieren Sie die Baguettefüllung mit frischem Koriander und Sriracha-Sauce.

## GRÖNSAKSBULLAR MED LINSSALLAD OCH SYRLIG SÅS

# GEMÜSEBÄLLCHEN MIT LINSENSALAT UND SAURER SOßE

Damit Sie auch im hektischen Alltag ein schnelles, gesundes und schmackhaftes Essen auf den Tisch zaubern können, empfehlen wir Ihnen, für dieses Rezept auf den Einsatz von Tiefkühlware zurückzugreifen. Wenn Sie möchten, können Sie die Gemüsebällchen natürlich auch selbst herstellen, indem Sie 150 g gekochten Brokkoli mit 150 g gekochten Kartoffeln, Eiersatz für 1 Ei, 3 Esslöffeln Dinkelmehl und 1 Teelöffel Sojamilch zermusen. Dann die Masse mit einem Esslöffel gehackter Haselnüsse, einem Esslöffel gehackter Petersilie, Salz, Pfeffer und Paprikapulver würzen, in Paniermehl wälzen, zu Bällchen formen und in Rapsöl ausbraten. Fertig sind die selbstgemachten Grönsaksbullar.

# GEMÜSEBÄLLCHEN MIT LINSENSALAT UND SAURER SOSSE

4 Port. 30 Min. Leicht

**Zutaten**
350 g Gemüsebällchen (TK, z. B. von Findus)
160 g ungekochte rote Linsen
100 g ungekochte grüne Linsen
150 g Champignons
100 g Sojabohnen
100 g gegrillte rote Paprika
200 g gemischter Pflücksalat
50 g Feldsalat

**Für das Dressing:**
35 ml Olivenöl
3 EL weißer Balsamico-Essig
1 EL Honig (kann durch eine vegane Alternative ersetzt werden, falls Sie auch auf Honig verzichten)
Salz und Pfeffer

**Für die saure Soße:**
200 ml vegane Crème fraîche
200 ml Sojajoghurt
½ Zitrone, der Saft davon
Salz und Pfeffer

## Nährwerte p. P.

*281 kcal*
*13 g Kohlenhydrate*
*15 g Eiweiß*
*11 g Fett*

1 Bereiten Sie die Gemüsebällchen sowie die Linsen gemäß den Anweisungen auf den Verpackungen zu. Putzen Sie die Champignons und schneiden Sie sie in Viertel. Erhitzen Sie Öl in einer Pfanne und braten Sie die Champignonstücke darin an. Leicht salzen und pfeffern. Nehmen Sie nun die Pfanne vom Herd und heben Sie den Pflücksalat unter die abgekühlten Pilze. Der Pfanneninhalt darf nicht mehr zu heiß sein, da der Salat sonst unappetitlich zerfällt.

2 Sobald die Linsen und die Bällchen gar und abgekühlt sind, vermengen Sie beides mit dem Inhalt der Pfanne und heben die übrigen Zutaten für den Salat unter.

3 Verquirlen Sie in einer Schüssel alle Zutaten für das Dressing und geben Sie es über den Salat.

4 Verrühren Sie in einem kleinen Topf alle Zutaten für die Soße und erwärmen Sie sie, ohne zu kochen. Schmecken Sie nach Ihren Vorstellungen mit Salz, Pfeffer und Zitronensaft ab.

5 Richten Sie den Linsensalat auf tiefen Tellern an und geben Sie etwas von der weißen sauren Soße darüber. Noch leicht warm und mit frischem Brot servieren.

KRISPIGA KIKÄRTSBIFFAR MED MOROT OCH INGEFÄRA

# KICHERERBSENBRATLINGE MIT KAROTTEN-INGWER-SALAT

4 Port.

45 Min.

Leicht

**Zutaten**
2 Möhren
Eiersatz für 1 Ei
500 ml Sojamilch
500 g gekochte Kichererbsen
60 g Sonnenblumenkerne
1 Prise gemahlener Zimt
½ TL Salz
1 TL Kurkuma
1 TL gemahlener Ingwer
1 TL Sambal Oelek
Rapsöl zum Braten

**Für den Dip:**
400 ml Sojajoghurt Natur
2 TL Ahornsirup
etwas Salz
nach Belieben etwas gehackte Petersilie

**Für den Salat:**
3 Möhren
1 daumengroßes Stück frischer Ingwer
2 TL Ahornsirup
1 TL Senf
2 EL Zitronenöl
1 EL Kräuteressig
Salz und Pfeffer

**Außerdem:**
1 Päckchen Wildreis
Salz für das Kochwasser

**Zusätzliches Equipment:**
Stabmixer oder Mixer

**Nährwerte p. P.**
*685 kcal*
*70 g Kohlenhydrate*
*28 g Eiweiß*
*29 g Fett*

1 Bereiten Sie den Reis nach Packungsanweisung zu. Schälen und raspeln Sie die Möhren sehr fein, stellen Sie ⅔ davon für den Salat zur Seite. Bereiten Sie den Eiersatz nach Packungsanweisung zu.

2 Pürieren Sie die Kichererbsen zusammen mit den Gewürzen, dem Salz, der Milch und dem Sambal Oelek zu einer glatten Creme.

3 Mischen Sie die geraspelten Möhren, die Sonnenblumenkerne und den Eiersatz unter die Kichererbsencreme. Formen Sie aus der Masse kleine Bällchen und braten Sie sie in reichlich Öl an.

4 Für den Dip hacken Sie die Petersilie und vermischen sie zusammen mit dem Sojajoghurt, dem Ahornsirup und dem Salz. Anschließend kühl stellen.

5 Für den Salat verquirlen Sie nun in einer Schüssel die Zutaten für das Salatdressing. Schmecken Sie mit Salz und Pfeffer ab. Schälen und hacken Sie den frischen Ingwer sehr fein. Heben Sie den Ingwer und die beiseitegestellten Möhren vom Anfang unter das Dressing.

6 Servieren Sie die Bratlinge mit dem Salat und dem Reis zusammen mit dem Sojajoghurtdip.

KRÄMIG VEGANSK KANTARELLSOPPA

# CREMIGE VEGANE PFIFFERLINGSUPPE

4 Port. 40 Min. Leicht

**Zutaten**

1 kg frische Pfifferlinge
120 g geraspelte Sellerieknolle
3 Zwiebeln
2 Knoblauchzehen
75 ml veganer Weißwein
500 ml Wasser
250 ml Hafer- oder Sojacreme
1 Brühwürfel
Salz
Pfeffer
1 TL Thymian
1 TL Rosmarin
Pflanzenmargarine zum Braten
frische gehackte Petersilie

**Zusätzliches Equipment:**

Stabmixer

**Nährwerte p. P.**

*287 kcal*
*10 g Kohlenhydrate*
*6 g Eiweiß*
*19 g Fett*

1 Reinigen Sie die Pfifferlinge mit einem Messer, klopfen Sie eventuelle Reste von Erde heraus. Versuchen Sie nach Möglichkeit, auf ein Abspülen zu verzichten. Legen Sie eine Handvoll besonders schöner Exemplare für die spätere Garnitur zur Seite. Schälen und hacken Sie die Zwiebeln und den Knoblauch. Schälen Sie den Sellerie und raspeln Sie ihn.

2 Erhitzen Sie die Pflanzenmargarine in einem Topf, braten Sie die Hälfte der Zwiebeln kurz darin an und geben Sie den Sellerie hinzu. Beides für fünf Minuten braten, dabei gelegentlich umrühren. Gießen Sie das Wasser an und rühren Sie den Brühwürfel ein. Köcheln Sie das Gemüse bei schwacher Hitze etwa zehn Minuten weiter.

3 Erhitzen Sie nun etwas Margarine in einer Pfanne, dünsten Sie unter der Zugabe einer Prise Salz zunächst die zurückbehaltenen Zwiebeln und den Knoblauch glasig und geben Sie im Anschluss die Pfifferlinge hinein. Braten Sie die Pilze, bis Flüssigkeit austritt. Gießen Sie mit dem Wein auf und braten Sie das Ganze weitere zwei Minuten. Geben Sie die Pilze mitsamt Sud zu dem Sellerie in den Topf.

4 Pürieren Sie die Suppe mit einem Stabmixer und gießen Sie die Sojacreme an. Geben Sie die zurückbehaltenen Pfifferlinge in die Suppe und lassen Sie sie für fünf Minuten weiterköcheln, dabei immer wieder umrühren. Schmecken Sie mit Salz, schwarzem Pfeffer, Thymian und Rosmarin ab.

5 Streuen Sie die gehackte Petersilie darüber und servieren Sie die Suppe zusammen mit frischem Brot.

ROSTAD AUBERGINE- TOMATSOPPA

# GERÖSTETE AUBERGINEN-TOMATEN-SUPPE

4 Port.

1 Std. 25 Min.

Leicht

**Zutaten**

1 große Aubergine (ca. 1 kg)
3 EL Olivenöl
1 Zwiebel
2 Knoblauchzehen
3 EL Tomatenmark
1 Dose gehackte Tomaten
2 EL gehacktes frisches Basilikum
2 EL gehackter frischer Thymian oder Petersilie
1 TL getrocknete Chiliflocken
200 ml Weißwein
2 EL konzentrierte Gemüsebrühe
schwarzer Pfeffer
Salz

**Zusätzliches Equipment:**

Stabmixer

**Nährwerte p. P.**

*300 kcal*
*20 g Kohlenhydrate*
*6 g Eiweiß*
*16 g Fett*

1 Heizen Sie den Backofen auf 225 °C Ober-/Unterhitze vor und legen Sie ein Backblech mit Backpapier aus. Waschen und halbieren Sie die Aubergine der Länge nach. Bestreichen Sie sie mit Olivenöl und würzen Sie die Schnittflächen mit Salz. Legen Sie die Aubergine auf das Backblech und grillen Sie sie auf mittlerer Schiene im Ofen für 40 Minuten.

2 Nehmen Sie anschließend die Aubergine heraus, ziehen Sie die Haut ab und schneiden Sie die Aubergine in Stücke. Schälen und hacken Sie die Zwiebel und den Knoblauch. Erhitzen Sie etwas Olivenöl in einer Pfanne mit hohem Rand und braten Sie beides darin glasig an.

3 Rühren Sie das Tomatenmark, das Basilikum, den Thymian und die Chiliflocken ein und braten Sie das Gemüse für einige Minuten weiter. Löschen Sie mit dem Wein ab und reduzieren Sie die Flüssigkeit auf die Hälfte.

4 Geben Sie die Auberginenstücke in die Pfanne und fügen Sie die gehackten Tomaten und die Gemüsebrühe hinzu. Legen Sie nach Möglichkeit einen Deckel auf die Pfanne und köcheln Sie das Gemüse für 15 Minuten bei mittlerer Hitze.

5 Pürieren Sie das gekochte Gemüse mit einem Stabmixer, schmecken Sie die Suppe mit Salz und Pfeffer ab und reichen Sie frisches Brot dazu.

RAGGMUNKAR OCH FEJKON I LINGON

# KARTOFFELPFANNKUCHEN MIT FALSCHEM SPECK UND PREISELBEEREN

4 Port.

45 Min.

Leicht

**Zutaten**
**Für die Kartoffelpfannkuchen:**
800 g Kartoffeln
150 g Weizenmehl
400 ml pflanzliche Milch
5 EL Kichererbsenwasser (aus der Dose)
1 TL Salz
vegane Margarine zum Braten

**Für den falschen Speck:**
2 Packungen geräucherter Tofu à 140 g
2 EL helle Sojasoße
2 TL Liquid Smoke (rauchige Flüssigwürze)
1 TL Agavensirup oder Zucker
2 EL Rapsöl

**Für die Preiselbeeren:**
120 g frische Preiselbeeren
30 g Zucker

## Nährwerte p. P.

*613 kcal*
*70 g Kohlenhydrate*
*22 g Eiweiß*
*26 g Fett*

1 Zu Beginn schneiden Sie den Tofu in dünne Streifen und geben ihn zusammen mit den übrigen Zutaten in eine Plastiktüte, worin er mindestens 30 Minuten lang marinieren sollte.

2 In der Zwischenzeit verrühren Sie das Mehl, die pflanzliche Milch, das Salz und das Kichererbsenwasser in einer Schüssel und lassen es für 20 Minuten ruhen.

3 Schälen Sie in der Zwischenzeit die Kartoffeln und reiben Sie sie direkt in die Schüssel mit dem Pfannkuchenteig. Nutzen Sie dafür die grobe Seite der Reibe. Erhitzen Sie die Margarine in einer Pfanne und geben Sie je eine kleine Kelle des Kartoffelpfannkuchenteigs hinein. Braten Sie die Raggmunkar bei mittlerer Hitze, bis sie durchgegart und auf der Unterseite goldbraun sind.

4 Nach Ablauf der Ruhezeit erhitzen Sie eine Pfanne und geben die Tofustreifen samt Marinade dort hinein. Backen Sie den Tofu von allen Seiten knusprig an.

5 Vermengen Sie nun die frischen Preiselbeeren mit dem Zucker in einer Schüssel.

6 Bevor Sie die Pfannkuchen servieren, sollten sie leicht abgekühlt sein. Dies ist der Konsistenz besonders zuträglich, da Pfannkuchen auf Basis von Kichererbsenwasser dazu neigen, innen cremig zu werden.

7 Richten Sie die Raggmunkar zusammen mit dem falschen Speck und den Preiselbeeren auf Tellern an.

Fingerfood och snacks

# Fingerfood & Snacks

GRAVAD LAX MED OSTKEX

# GEBEIZTER LACHS AUF KÄSECRACKERN MIT DILLCREME

4 Port.

10 Min.

Leicht

**Zutaten**

**Für die Dillcreme:**

100 g saure Sahne
100 ml Buttermilch
50 g Mayonnaise
2 Bostongurka (Gewürzgurken)
1 Bund fein gehackter frischer Dill
1 EL Zitronensaft
1 TL Salz
1 TL Zucker
eine Prise schwarzer Pfeffer

**Für die Brote:**

8 Ostkex oder 4 Scheiben Knäckebrot
8 dünne Scheiben Gravad Lax
frischer Dill als Garnitur

**Nährwerte p. P. (2 Brote)**

*189 kcal*
*9 g Kohlenhydrate*
*7 g Eiweiß*
*14 g Fett*

1 Hacken Sie den Dill und die Gewürzgurken und vermengen Sie beides mit den übrigen Zutaten. Streichen Sie die Dillcreme auf die Ostkex oder die Knäckebrote, legen Sie den Lachs darauf und garnieren Sie mit frischem Dill.

2 Wenn Sie wünschen, dass die Creme intensiver wird, können Sie sie über Nacht im Kühlschrank durchziehen lassen.

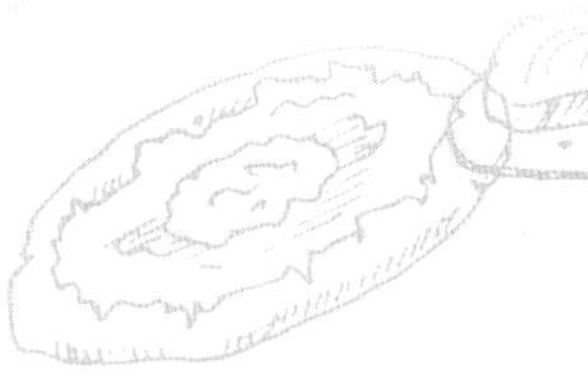

VÄSTERBOTTENPAJ I MINIFORMAT

# MINI-VÄSTERBOTTENPIE

8 Stk. 15 Min. Leicht

**Zutaten**

1 Packung Blätterteig (im Kühlregal erhältlich)
100 ml Milch
80 g geriebener Västerbottenkäse
2 Eier
Salz
Pfeffer
etwas Butter für das Blech
als Garnitur: Schnittlauch oder Rogen

**Besonderes Equipment:**

Muffinblech oder Muffinformen

**Nährwerte p. P.**

*248 kcal*
*18 g Kohlenhydrate*
*6 g Eiweiß*
*17 g Fett*

1 Fetten Sie die Mulden des Muffinblechs und heizen Sie den Backofen auf 225 °C Ober-/Unterhitze vor.

2 Rollen Sie den Blätterteig aus und schneiden Sie ihn in kleine Quadrate. Drücken Sie die Blätterteigstücke vorsichtig in die vorgeformten Mulden, sodass sie mit dem Teig ausgekleidet sind. Schlagen Sie nun das Ei auf, verquirlen Sie es und bepinseln Sie damit den Blätterteig. Nun auch das zweite Ei aufschlagen und mit Salz und Pfeffer würzen.

3 Geben Sie den geriebenen Västerbottenkäse in die Eimischung, fügen Sie die Milch hinzu und vermengen Sie die Zutaten gründlich. Füllen Sie die Käse-Ei-Mischung in den Blätterteig und backen Sie die Mini-Pies für 10 – 15 Minuten im Ofen.

4 Garnieren Sie die Pies mit Schnittlauch oder für einen edleren Touch mit Schnittlauch und Rogen.

## SURSTRÖMMINGSKLÄMMA

# FERMENTIERTER HERING AUF DÜNNEM BROT

Surströmming! Ist das nicht dieser fiese, übel riechende schwedische Fisch in der Dose, bei dem alle das Gesicht verziehen? Unzählige Videoclips existieren, die verdeutlichen sollen, wie ungenießbar Surströmming sein soll. Man sagt, die Schweden hätten den 30-Jährigen Krieg mit ihrem Atem als Waffe gewonnen. Der Geruch von Surströmming ist berüchtigt. Aber der Geschmack wird unterschätzt. Wer sich einmal traut, Surströmming zu probieren, wird von einer wahren Geschmacksexplosion überrascht. Nicht umsonst findet in ganz Schweden jedes Jahr am dritten Donnerstag im August die sogenannte Surströmmingspremiär statt. Hierbei feiern Menschen im ganzen Land den Beginn der neuen Surströmmingsaison. Richtig zubereitet sind die kleinen fermentierten Fische durchaus ein Genuss. Wie das richtig geht, zeigen wir Ihnen im nachfolgenden Rezept.

# FERMENTIERTER HERING AUF DÜNNEM BROT

4 Port.

20 Min.

Leicht

**Zutaten**

1 Dose Surströmming (300 g, 12 Filets)
8 große Knäckebrote (Tünnbröd)
8 kleine Kartoffeln (Drillinge)
50 g Butter
1 rote Zwiebel
250 ml saure Sahne
4 EL gehackter Schnittlauch
etwas Butter zum Bestreichen des Knäckebrots
etwas gehackter Schnittlauch zum Bestreuen

**Zusätzliches Equipment:**

Einweghandschuhe
nach Belieben Toaster

**Nährwerte p. P.**

*272 kcal*
*28 g Kohlenhydrate*
*10 g Eiweiß*
*12 g Fett*

1 Ziehen Sie sich die Einweghandschuhe an, gehen Sie nach draußen und öffnen Sie die Dose Surströmming im Freien. Achtung, durch den Fermentationsprozess sind in der Dose Gase entstanden, die beim Öffnen entweichen. Es kann also unter Umständen etwas spritzen. Halten Sie daher den Verschluss beim Öffnen von sich weg und drehen Sie die Dose auf die abgewandte Seite. Um ein eventuelles Spritzen weiter einzudämmen, können Sie die Dose mit Küchenkrepp oder einem Geschirrtuch abdecken. Gießen Sie die Lake ab. Wenn Ihnen der Geruch nach wie vor zu kräftig ist, halten Sie die Fischfilets einmal kurz unter kaltes, fließendes Wasser.

2 Erhitzen Sie Salzwasser in einem Topf und kochen Sie darin die Drillinge mitsamt Schale gar, aber nicht so weich, dass sie zerfallen könnten. Falls Sie den Prozess beschleunigen möchten, können Sie die Kartoffeln auch in einem speziellen Mikrowellentopf für zehn Minuten bei 700 Watt garen.

3 In der Zwischenzeit können Sie die Creme zubereiten. Hierfür waschen und hacken Sie den Schnittlauch und rühren ihn unter die saure Sahne. Als Nächstes schälen Sie die Zwiebel und schneiden sie in feine Halbmonde. Hacken Sie die Fischfilets in Stücke. Geben Sie die Butter in eine Schüssel und schwenken Sie die Kartoffeln darin. Schneiden Sie die Kartoffeln in Scheiben.

4 Bestreichen Sie nun je ein Knäckebrot mit Butter, auf das jeweils andere legen Sie die Scheiben von etwa zwei Kartoffeln. Hierauf kommen nun die gehackten Fischfilets, dann die saure Sahne, die rote Zwiebel und zum Schluss noch etwas Schnittlauch. Nun legen Sie das mit Butter bestrichene Knäckebrot als Deckel obendrauf.

RÄKSMÖRGÅS

# GARNELEN-DILL-BAGUETTE

4 Port.

15 Min.

Leicht

**Zutaten**

300 g Garnelen, geschält (küchenfertig)
1 Baguette
1 Kopf Eisbergsalat
1 Kopf Friséesalat
2 EL Olivenöl
3 Tomaten
200 ml Mayonnaise
1 Bund Dill
1 unbehandelte Zitrone, einige Scheiben davon sowie Zesten und Saft der übrigen Frucht
50 g Butter
Salz und Pfeffer

**Nährwerte p. P.**

*762 kcal*
*25 g Kohlenhydrate*
*22 g Eiweiß*
*63 g Fett*

1 Schneiden Sie das Brot in Scheiben, erhitzen Sie die Butter in einer Pfanne und rösten Sie die Brotscheiben darin. Mit etwas Salz würzen.

2 Waschen und hacken Sie den Dill fein und rühren Sie die eine Hälfte davon in die Mayonnaise. Waschen und achteln Sie die Tomaten und entfernen Sie die Kerne.

3 Waschen und lesen Sie den Salat und lassen Sie ihn abtropfen. Alternativ können Sie eine Salatschleuder benutzen. Bereiten Sie aus dem Olivenöl, dem Zitronensaft sowie etwas Salz und Pfeffer das Dressing zu.

4 Verteilen Sie den Salat auf den gerösteten Brotscheiben. Vermengen Sie den restlichen Dill mit den Garnelen und den Tomatenspalten, schmecken Sie mit Salz und Pfeffer ab. Verteilen Sie die Mischung auf dem Salat. Reiben Sie Zesten von der Zitrone ab und verteilen Sie diese auf den belegten Broten. Geben Sie je einen Klecks der Dillmayonnaise auf die Räksmörgås und garnieren Sie die Brote mit den Zitronenscheiben.

## TOAST SKÅGEN

# TOAST SKAGEN

Toast Skågen wurde einst in Stockholm von Tore Frederik Wretman (1916 - 2003) erfunden, einem Gastronomen und Revolutionär der schwedischen Küche, der sich insbesondere darauf verstand, Schülern das Kochen näherzubringen. Die Universität Umeå verlieh ihm die Ehrendoktorwürde in Gastronomie. 2002 wurde Wretman auf einer Briefmarke in der Serie "Svensk Gastronomi" vorgestellt.

Heute kennt man ihn überall in Schweden für die Kreation seines Garnelentoastes. Aber auch darüber hinaus hat er in der schwedischen Kulinarik seine Spuren hinterlassen. Toast Skågen wird als Vorspeise oder Snack serviert und ist hauptsächlich in den Küstenregionen verbreitet. Man findet es aber aufgrund seiner Beliebtheit in jedem guten Restaurant im ganzen Land.

# TOAST SKÅGEN

4 Port.

15 Min.

Leicht

**Zutaten**

150 g Garnelen ohne Schale
2 EL gehackte rote Zwiebel
3 EL Mayonnaise
3 EL Crème fraîche
2 EL gehackter Dill
3 Scheiben Toast
1 EL Butter
2 Zitronenspalten
2 Dillzweige, etwas davon als Dekoration zurückbehalten
Salz und frisch gemahlener weißer Pfeffer
2 TL Lachskaviar oder ein anderer Kaviar

**Nährwerte p. P.**

*205 kcal*
*9 g Kohlenhydrate*
*10 g Eiweiß*
*14 g Fett*

1 Hacken Sie die Garnelen in grobe Stücke. Behalten Sie ein paar ansehnliche Exemplare zur Dekoration zurück. Geben Sie die Garnelenstücke in eine Schüssel. Fügen Sie die Mayonnaise und die Crème fraîche hinein.

2 Schälen und hacken Sie die rote Zwiebel in sehr feine Stücke und geben Sie diese ebenfalls in die Schüssel. Waschen Sie den Dill, schütteln Sie ihn trocken und geben Sie ihn fein gehackt zum Schüsselinhalt hinzu. Verrühren Sie die Zutaten sorgsam und schmecken Sie mit Salz und Pfeffer ab.

3 Erhitzen Sie die Butter in einer Pfanne und braten Sie die Toastbrotscheiben darin an. Alternativ können sie auch getoastet werden. Schneiden Sie sie diagonal in Dreiecke. Richten Sie die Brote auf Tellern an.

4 Verteilen Sie die Garnelenmischung auf den Broten, dekorieren Sie mit dem zurückbehaltenen Dill, den übrigen Garnelen und den Zitronenspalten sowie dem Kaviar.

# Desserts

DAMMSUGARE

# SCHWEDISCHE PUNSCHROLLEN

Die quietschgrünen Dammsugare sind ein beliebtes Gebäck für das gemütliche Fika. Zudem eignen sie sich hervorragend zur Resteverwertung. Man kann sie schnell und einfach mit Kuchenresten oder aus verunglückten Tortenböden herstellen. Daher kommt auch ihr Kosename. Vielerorts nennt man sie „Staubsauger", weil der Bäcker, der sie erfunden haben soll, die Krümel in der Backstube aufgesaugt und daraus die Punschrollen gemacht haben soll. Sollten Sie gerade keine Kuchenreste zur Hand haben, können Sie selbstverständlich auf fertigen oder selbstgemachten Biskuit zurückgreifen.

# SCHWEDISCHE PUNSCHROLLEN

15 Stk. 30 Min. Leicht

**Zutaten**

**Für die Füllung:**

400 g Kuchenreste, Schoko oder hell
100 g Zucker
1 EL Backkakao
1 TL Vanilleextrakt
70 ml Rum
120 g weiche Butter

**Außerdem:**

400 g Marzipanrohmasse
Lebensmittelfarbe in hellgrün (oder grün und gelb)
200 g Zartbitterschokolade

**Besonderes Equipment:**

Bain Marie
Kuchengitter

**Nährwerte p. Stk.**

*351 kcal*
*50 g Kohlenhydrate*
*4 g Eiweiß*
*14 g Fett*

1 Zerkleinern Sie die Kuchenreste und geben Sie sie in eine Rührschüssel. Vermengen Sie alle Zutaten für die Füllung und füllen Sie sie in einen Spritzbeutel ohne Tülle (oder mit großer Lochtülle).

2 Bemehlen Sie nun Ihre Arbeitsfläche, färben Sie die Marzipanrohmasse grün ein und rollen Sie diese auf der Arbeitsfläche zu einem Rechteck aus. Schneiden Sie aus dem Rechteck 8 cm breite Streifen heraus und spritzen Sie die Füllung der Länge nach mittig auf die Streifen. Rollen Sie die Marzipanstreifen von der langen Seite her ein und schneiden Sie 5 cm lange Stücke davon ab.

3 Erhitzen Sie Wasser in einem Topf und schmelzen Sie mit Hilfe eines Bain Marie die Schokolade darin. Tauchen Sie die Dammsugare mit beiden Enden in die Schokolade und lassen Sie sie auf einem Kuchengitter abkühlen. Bewahren Sie die Dammsugare bis zum Servieren im Kühlschrank auf.

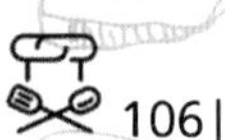

HAVREKAKOR

# HAFERKEKSE

20 Kekse

30 Min.

Leicht

**Zutaten**

200 g Margarine
2 Eier
2 Kaffeetassen Zucker
4 Kaffeetassen Haferflocken
3 EL Mehl
2 TL Backpulver

**Nährwerte p. P. (1 Keks)**

*157 kcal*
*17 g Kohlenhydrate*
*2 g Eiweiß*
*9 g Fett*

1 Heizen Sie den Backofen auf 200 °C Umluft vor und legen Sie ein Backblech mit Backpapier aus.

2 Geben Sie alle oben aufgeführten Zutaten in eine Schüssel und vermengen Sie sie zu einem glatten Teig. Für 15 Minuten bei Zimmertemperatur in der Schüssel quellen lassen.

3 Geben Sie je einen Klecks Teig (nicht zu groß, am besten mit einem Esslöffel zu dosieren) auf das Backblech, bis der gesamte Teig aufgebraucht ist und backen Sie die Haferkekse für 8 - 10 Minuten im Ofen. Sie sollten nicht zu dunkel werden. Herausnehmen und abkühlen lassen.

CHOKLADBOLLAR

# SCHOKOLADENKUGELN

12 Stk.

10 Min. + 2 Std. Ruhezeit

Leicht

**Zutaten**

150 g Butter (weich)
eine Prise Salz
100 g Zucker
½ TL Vanillepaste
30 g Kakaopulver
100 g Haferflocken (blütenzart)
100 g Kokosraspel
3 EL Kaffee (am besten Espresso)

**Besonderes Equipment:**

Handrührgerät

**Nährwerte p. P. (2 Kugeln)**

*211 kcal*
*14 g Kohlenhydrate*
*2 g Eiweiß*
*15 g Fett*

1 Geben Sie die Butter, das Salz, den Zucker und die Vanillepaste in eine Schüssel und rühren Sie die Zutaten mit Hilfe des Handrührgeräts für zwei Minuten auf höchster Stufe schaumig. Rühren Sie langsam das Kakaopulver unter.

2 Fügen Sie die Haferflocken, die Kokosraspeln und den Kaffee hinzu und verarbeiten Sie alles zu einem gleichmäßigen Teig. Für eine Stunde im Kühlschrank ruhen lassen.

3 Füllen Sie die restlichen Kokosraspel in eine Schale, formen Sie aus dem Teig zwölf Kugeln und wälzen Sie sie in den Kokosraspeln. Vor dem Servieren mindestens eine Stunde kalt stellen und anschließend kühl aufbewahren.

KLADDKAKA

# SCHWEDISCHER SCHOKOLADENKUCHEN

10 Stk. (1 Springform)

35 Min.

Leicht

**Zutaten**

2 Eier
250 g Zucker
100 g weiche Butter oder Margarine
150 g Mehl
45 g Kakaopulver
1 Päckchen Vanillezucker
etwas Puderzucker zum Bestreuen

**Besonderes Equipment:**

Handrührgerät

**Nährwerte p. P. (1 Stück)**

*259 kcal*
*37 g Kohlenhydrate*
*3 g Eiweiß*
*10 g Fett*

1 Heizen Sie den Backofen auf 175 °C Ober-/Unterhitze vor, fetten und mehlen Sie eine Springform (24 cm) aus.

2 Schlagen Sie die Eier in eine Schüssel, geben Sie den Zucker und den Vanillezucker hinzu und schlagen Sie die Zutaten auf höchster Stufe mit dem Handrührgerät für drei Minuten schaumig. Rühren Sie die weiche Butter ein und schlagen Sie die Masse für weitere zwei Minuten auf höchster Stufe.

3 Vermischen Sie in einer zweiten Schüssel das Mehl mit dem Kakaopulver und verkneten Sie es mit der Eimischung in der ersten Schüssel.

4 Füllen Sie anschließend den Teig in die vorbereitete Springform und backen Sie den Kuchen auf mittlerer Schiene für ca. 20 Minuten. Dabei sollte der Kuchen außen schön knusprig und in der Mitte noch klebrig sein. Überprüfen Sie den Fortschritt mittels der Stäbchenprobe.

5 Nehmen Sie den Kuchen aus dem Ofen, lösen Sie ihn aus der Form und bestreuen Sie ihn mit Puderzucker. Servieren Sie den noch lauwarmen Kladdkaka am besten mit geschlagener Sahne und Vanilleeis. Übrigens: In Schweden isst man ihn nicht mit einer Kuchengabel, sondern mit einem kleinen Löffel.

ÄPPELKAKA

# APFELKUCHEN

12 Stk.

50 Min.

Leicht

**Zutaten**

200 g Zucker
2 Eier
2 TL Vanillezucker
1 ½ TL Backpulver
150 g Weizenmehl
150 g Butter, geschmolzen

**Dekoration:**

2 Äpfel
Zimt
1 - 2 EL Zucker

**Besonderes Equipment:**

Handrührgerät

**Nährwerte p. P. (1 Stück)**

*231 kcal*
*29 g Kohlenhydrate*
*2 g Eiweiß*
*12 g Fett*

1 Heizen Sie den Backofen auf 180 °C Umluft vor, fetten und bemehlen Sie eine Springform (24 cm). Schälen Sie die Äpfel, entfernen Sie das Kerngehäuse und schneiden Sie sie in dünne Spalten.

2 Schlagen Sie die Eier in eine Rührschüssel, fügen Sie den Zucker hinzu und rühren Sie alles auf höchster Stufe des Handrührgeräts schaumig. Lassen Sie die geschmolzene Butter hineinlaufen und rühren Sie kräftig weiter. Vermischen Sie in einer zweiten Schüssel das Mehl, das Backpulver und den Vanillezucker.

3 Geben Sie die trockenen Zutaten esslöffelweise zu dem flüssigen Teil des Teigs und verkneten Sie die Zutaten zu einem glatten Teig. Gießen Sie den Teig in die Springform und legen Sie die Apfelspalten in einem kreisförmigen Muster (ähnlich einem runden Fächer) auf den Teig.

4 Bestreuen Sie die Äpfel mit Zimt und Zucker. Stellen Sie die Form auf die mittlere Schiene des Backofens und backen Sie ihn für etwa 35 Minuten. Er sollte eine ansprechende goldgelbe Farbe haben.

5 Servieren Sie Ihren Äppelkaka gerne lauwarm mit Vanillecreme oder Vanillesoße.

KANELBULLAR

# ZIMTSCHNECKEN

Fika ohne Kanelbullar? Undenkbar. Die schwedischen Zimtschnecken sind im ganzen Land beliebt und erfreuen sich auch bei uns immer größerer Beliebtheit. Der Grund liegt auf der Hand: Sie sind schnell gemacht, handlich und eine wahre Geschmacksexplosion. Also her mit den leckeren Teilchen!

# ZIMTSCHNECKEN

12 Stk.

30 Min + 1,5 Std. Ruhezeit

Leicht

**Zutaten**

Für den Hefeteig:
250 ml Vollmilch
25 g frische Hefe
75 g weiche Butter
450 g Mehl
50 g Zucker
1 Prise Salz

**Für die Zimtfüllung:**

90 g weiche Butter
50 g Zimt-Zucker-Mischung (z. B. von Diamant)
1 TL Backkakao

**Außerdem:**

1 Ei, verquirlt mit etwas Milch
Hagelzucker

**Nährwerte p. P. (1 Stück)**

*283 kcal*
*36 g Kohlenhydrate*
*5 g Eiweiß*
*13 g Fett*

1 Bereiten Sie zuerst den Hefeteig zu. Hierfür erwärmen Sie die Milch in einem kleinen Topf, ohne sie zu kochen. „Handwarm" ist vollkommen ausreichend. Zerbröseln Sie die Hefe in eine Schüssel, nehmen Sie sechs Esslöffel von der warmen Milch ab und lösen Sie die Hefe darin auf. Geben Sie die Butter in Würfeln in die warme Milch im Topf und warten Sie, bis sie geschmolzen ist.

2 Vermischen Sie die trockenen Zutaten (Mehl, Zucker, Salz) in einer Rührschüssel, bestücken Sie das Rührgerät mit den Knethaken und verkneten Sie die trockenen Zutaten, die Hefemilch und die Butter-Milch-Mischung zu einem glatten Teig. Er sollte sich gut vom Schüsselrand lösen und nicht mehr zu klebrig sein. In dem Fall könnte man noch ganz wenig mehr Mehl dazugeben.

3 Formen Sie den Teig zu einer Kugel und geben Sie ihn in eine große Schüssel. Lassen Sie den Hefeteig abgedeckt für eine Stunde an einem warmen Ort gehen.

4 Nach Ablauf der Zeit sollte sich das Volumen verdoppelt haben. Bemehlen Sie Ihre Arbeitsfläche sparsam. Holen Sie den Hefeteig aus der Schüssel, „boxen" Sie einmal mit der Faust hinein und rollen Sie ihn zu einem 40 x 60 cm großen Rechteck aus. Zieht er sich am Anfang immer wieder zu stark zusammen, warten Sie noch ein paar Minuten und versuchen Sie es später erneut. Der Teig ist dann einfach noch zu elastisch.

5 Für die Zimtfüllung vermengen Sie in einer Schüssel die Butter, den Zimtzucker und das Kakaopulver mit den Quirlen des Handmixers. Streichen Sie diese Mixtur auf dem Teigrechteck gleichmäßig aus.

6 Der Teig wird nun wie ein Brief in Dritteln zusammengefaltet: Erst ein Drittel von der kurzen Seite her auf die Mitte, dann die andere Seite bündig darüber schlagen. Mit Hilfe eines Pizzaschneiders oder eines großen Messers schneiden Sie nun parallel zur kurzen Seite zwölf (je ca. 2 cm breite) Teigstreifen. Nehmen Sie je einen Streifen und verzwirbeln Sie ihn. Den Teigstrang dabei vorsichtig etwas verlängern. Achten Sie darauf, dass er nicht reißt.

7 Den verzwirbelten Teigstreifen nun einfach wie eine Lakritzschnecke aufrollen und das Ende unter dem Gebäck verstecken. Legen Sie zwei Backbleche mit Backpapier aus und legen Sie die Zimtschnecken mit reichlich Abstand darauf. Sie werden deutlich an Größe zunehmen.

8 Decken Sie die Kanelbullar mit einem Küchentuch ab und lassen Sie sie erneut für etwa 30 Minuten ruhen. Heizen Sie in der Zwischenzeit den Ofen auf 200 °C Ober-/Unterhitze vor.

9 Verquirlen Sie mit einem Schneebesen das Ei in einem tiefen Teller und bestreichen Sie damit die Zimtschnecken. Streuen Sie den Hagelzucker darüber und backen Sie die Teilchen für 13 - 15 Minuten auf mittlerer Schiene im Ofen.

10 Die Zimtschnecken schmecken frisch am allerbesten.

SEMLOR

# SCHWEDISCHER FASTEN-SEMMEL

Semlor, der schwedische Fastensemmel, bedeutet übersetzt so viel wie „unverschämt lecker" und genau das ist er auch. Genießen Sie Semlor zu einer gemütlichen Fika.

12 Stk.

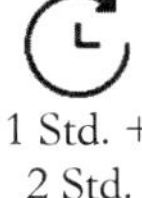
1 Std. + 2 Std. Ruhezeit

Leicht

**Zutaten**

**Für den Hefeteig:**
430 g Mehl
½ TL Kardamom, am besten frisch gemahlen
100 g Zucker
½ TL Salz
200 ml Milch
20 g Frischhefe oder 1 Päckchen Trockenhefe
100 g weiche Butter
1 Ei

**Zum Bepinseln:**
1 Eigelb
2 EL Milch

**Für die Füllung:**
100 g gemahlene Mandeln
100 ml Milch
70 g kaltes Marzipan
1 Msp. Kardamom
200 g Sahne

1 Mischen Sie in einer großen Schüssel das Mehl mit dem Kardamom, dem Zucker und dem Salz.

2 Erwärmen Sie in einem kleinen Topf die Milch lauwarm, nehmen Sie den Topf vom Herd und bröseln Sie die Hefe unter Rühren in die Milch. Rühren Sie so lange, bis sich die Hefe aufgelöst hat. Kurz stehen lassen, bis die Hefemilch anfängt, kleine Bläschen zu bilden. Schlagen Sie das Ei und die Butter unter die Hefemilch, bestücken Sie das Rührgerät mit Knethaken und rühren Sie nach und nach die trockenen Zutaten in die Hefemilch.

3 Verarbeiten Sie alles zu einem glatten Teig. Falls der Teig noch zu sehr an der Schüssel klebt, arbeiten Sie noch ein ganz kleines bisschen mehr Mehl ein. Formen Sie den Teig zu einer Kugel und lassen Sie ihn in der abgedeckten Rührschüssel bei Zimmertemperatur für etwa eine Stunde gehen.

4 Wenn der Hefeteig dann sein Volumen nach Ende der Gehzeit verdoppelt hat, bemehlen Sie sparsam Ihre Arbeitsfläche und kneten den Teig noch einmal durch. Legen Sie ein Backblech mit Backpapier aus.

**Nährwerte p. P. (1 Stück)**

*366 kcal*
*40 g Kohlenhydrate*
*8 g Eiweiß*
*19 g Fett*

5 Teilen Sie dann den Teig in zwölf gleich große Teiglinge (ca. 65 Gramm pro Stück) und formen Sie diese zu Kugeln. Legen Sie die kleinen Teigkugeln auf das Backblech, decken Sie sie mit einem Geschirrtuch ab und lassen Sie die Teiglinge abermals für eine Stunde ruhen.

6 Heizen Sie den Backofen auf 210 °C Ober-/Unterhitze vor. Verquirlen Sie das Eigelb mit der Milch in einem tiefen Teller und bepinseln Sie die Semlor damit. Backen Sie die Semlor für 10 - 12 Minuten auf mittlerer Schiene goldbraun. Den Ofen abschalten und bei geöffneter Ofentür auskühlen lassen. Schneiden Sie von den erkalteten Semlor im oberen Drittel den „Deckel" ab, kratzen Sie aus dem unteren Teil mit Hilfe eines Teelöffels den Teig heraus und geben Sie ihn in eine Schüssel.

7 Raspeln Sie mit einer Küchenreibe das Marzipan in die Schüssel, geben Sie die gemahlenen Mandeln, den Kardamom und die Milch hinzu und vermengen Sie alles mit den Teigkrümeln. Füllen Sie die Masse wieder in die Semlor.

8 Schlagen Sie die Sahne steif und füllen Sie sie in einen Spritzbeutel mit großer Sterntülle. Spritzen Sie eine adrette Haube auf die Semlorfüllung und setzen Sie den Deckel sanft wieder auf. Mit Puderzucker bestäubt servieren.

HALLONGROTTOR

# HIMBEERTÖRTCHEN

 20 Stk. 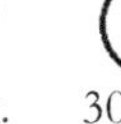 30 Min.  Leicht

**Zutaten**

200 g Butter, Zimmertemperatur
80 g Zucker
1 EL Vanillezucker
270 g Weizenmehl
1 TL Backpulver
100 g Himbeermarmelade (oder andere Marmelade nach Wahl)

**Besonderes Equipment:**

Handrührgerät

**Nährwerte p. P. (1 Stück)**

*148 kcal*
*17 g Kohlenhydrate*
*1 g Eiweiß*
*8 g Fett*

1 Heizen Sie den Backofen auf 175 °C Ober-/Unterhitze vor und legen Sie ein Backblech mit Backpapier aus. Geben Sie die Butter, den Zucker und den Vanillezucker in eine Schüssel und rühren Sie die Zutaten auf höchster Stufe mit dem Handrührgerät schaumig.

2 Fügen Sie nun das Mehl und das Backpulver hinzu und verarbeiten Sie alles zu einem glatten Teig.

3 Bemehlen Sie Ihre Hände und die Arbeitsfläche und teilen Sie den Teig in 20 gleich große Stücke. Formen Sie die einzelnen Teiglinge zu Kugeln, drücken Sie sie mit der Hand leicht platt und drücken Sie mit Ihrem Daumen eine Mulde in die Mitte der Teiglinge.

4 Befüllen Sie die Mulde mit etwa einem Teelöffel Himbeermarmelade. Backen Sie die Hallongrottor auf mittlerer Schiene für ca. 15 Minuten.

5 Abkühlen lassen und frisch servieren.

RIS À LA MALTA

# MILCHREISDESSERT MIT ORANGEN

4 Port. 60 Min. Leicht

**Zutaten**

**Für den Milchreis:**

250 ml Milch
250 ml Wasser
160 g Milchreis ungekocht
1 Prise Salz
100 ml Sahne

**Für den Belag:**

2 Orangen
2 EL Mandeln blanchiert, gehackt und geröstet

**Nährwerte p. P.**

*344 kcal*
*43 g Kohlenhydrate*
*9 g Eiweiß*
*15 g Fett*

1 Geben Sie die Milch mit dem Wasser und dem Salz in einen Topf, erwärmen Sie die Mischung und rühren Sie den Milchreis ein. Kochen Sie die Masse unter Rühren kurz auf, reduzieren Sie sogleich die Hitze und köcheln Sie den Milchreis auf niedriger Hitze für 20 Minuten weiter. Rühren Sie dabei immer wieder um.

2 Schalten Sie nach 20 Minuten den Herd aus und lassen Sie den Milchreis noch weitere zehn Minuten im Topf quellen. Anschließend auskühlen lassen.

3 In der Zwischenzeit schlagen Sie die Sahne steif und filetieren die geschälten Orangen. Schneiden Sie die Orangenfilets in mundgerechte Stücke.

4 Vermengen Sie die geschlagene Sahne mit dem erkalteten Milchreis und verteilen Sie das Dessert auf vier Schälchen. Rösten Sie die Mandeln in einer Pfanne ohne Öl, bis sie zu duften beginnen. Anschließend herausnehmen, die Orangenfilets auf dem Milchreis verteilen und mit den gerösteten Mandeln toppen.

BLÅBÄRSSOPPA

# BLAUBEERSUPPE

Blåbärssoppa ist eine erfrischende Blaubeersuppe, die warm oder kalt genossen werden kann und ist besonders im Sommer beliebt, weil sie neben ihrer schmackhaften Seite noch wertvolle Inhaltsstoffe wie Ballaststoffe, Eisen und Kalium mitbringt. Man kann sie mit Vanilleeis, Vanillesoße oder gerösteten Kokoschips servieren oder sogar einen aromatischen Drink daraus zubereiten (siehe Rubrik „Alkoholische Getränke – Blåbärsshot).

 4 Port.
 60 Min.
 Leicht

**Zutaten**

250 g Blaubeeren – frisch oder gefroren
500 ml Wasser
2 EL Honig oder Zucker
1 - 2 TL Kartoffelstärke

**Besonderes Equipment:**

Stabmixer

**Nährwerte p. P.**

*74 kcal*
*16 g Kohlenhydrate*
*0 g Eiweiß*
*0 g Fett*

1 Füllen Sie das Wasser in einen Topf und geben Sie den Honig hinein. Kochen Sie das Wasser so lang, bis der Honig sich vollständig aufgelöst hat. Waschen Sie die Blaubeeren, entfernen Sie eventuell übriggebliebene Stiele und geben Sie die Früchte in das heiße Honigwasser. Kochen Sie die Suppe für acht Minuten bei mittlerer Hitze und stetigem Umrühren.

2 Nehmen Sie den Topf vom Herd und pürieren Sie die Suppe. Rühren Sie in einer Tasse die Kartoffelstärke mit etwas Wasser glatt und rühren Sie es unter die Suppe. Kochen Sie die Blåbärssoppa nochmals für zwei Minuten auf. Servieren Sie die Suppe mit einem Topping Ihrer Wahl oder frieren Sie sie ein.

JORDGUBBSKRÄM

# ERDBEERCREME

4 Port.

20 Min.

Mittel

**Zutaten**

400 ml Wasser
500 g Erdbeeren
50 g Zucker, etwas mehr zum Darüberstreuen
2 ½ EL Kartoffelmehl
4 EL Wasser
1 TL Zitronensaft

**Zusätzliches Equipment:**

Stabmixer

**Nährwerte p. P.**

*125 kcal*
*28 g Kohlenhydrate*
*1 g Eiweiß*
*1 g Fett*

1 Rühren Sie das Kartoffelmehl mit ca. vier Esslöffeln Wasser glatt. Waschen und putzen Sie die Erdbeeren und schneiden Sie den „Hut" ab.

2 Geben Sie alle Zutaten bis auf das Kartoffelmehl in einen Topf und kochen Sie alles für ca. sechs Minuten auf. Rühren Sie das angemischte Kartoffelmehl unter und lassen Sie die Creme nochmals kurz aufwallen. Wenn Sie die Creme besonders glatt mögen, können Sie sie jetzt mit dem Stabmixer pürieren.

3 Gießen Sie die Creme in eine Schüssel und streuen Sie etwas Zucker darüber, um die Bildung einer Haut zu verhindern.

ÄPPEL- OCH LINGONKOMPOTT

# APFEL-PREISELBEER-KOMPOTT

4 Port.

20 Min.

Leicht

**Zutaten**

2 Äpfel
225 g Preiselbeeren
1 Zimtstange
1 EL Kokoszucker oder
2 EL Kristallzucker
2 EL Wasser
Falls nötig: 2 EL Kartoffelstärke mit 4 EL Wasser glattgerührt

**Nährwerte p. P.**

*88 kcal*
*20 g Kohlenhydrate*
*0 g Eiweiß*
*0 g Fett*

1 Waschen Sie die Preiselbeeren und entfernen Sie eventuell verbliebene Stiele. Schälen Sie die Äpfel, entfernen Sie das Kerngehäuse und schneiden Sie die Früchte in mundgerechte Stücke.

2 Geben Sie das Obst in einen Topf, fügen Sie das Wasser, den Zucker und die Zimtstange hinzu und köcheln Sie alles so lang, bis es eine samtige Konsistenz angenommen hat.

3 Entfernen Sie die Zimtstange und binden Sie falls nötig mit der glattgerührten Kartoffelstärke ab. Falls Sie die Kartoffelstärke nutzen, denken Sie daran, das Kompott noch mal aufzukochen.

4 Servieren Sie das noch warme Kompott zu Vanilleeis, Skyr oder einfach mit Vanillesoße.

Drycker med alkohol

# Getränke mit Alkohol

GLÖGG

# SCHWEDISCHER GLÜHWEIN

8 Gl. 20 Min. Leicht

**Zutaten**

1 l Rotwein
3 Zimtstangen
10 ganze Nelken
1 TL ganze Kardamomkörner
2 EL Kristallzucker

**Zusätzliches Equipment:**

Kochthermometer

**Nährwerte p. P.**

*137 kcal*
*7 g Kohlenhydrate*
*0 g Eiweiß*
*0 g Fett*

1 Geben Sie die Zimtstangen, die Nelken, die Kardamomkörner und den Zucker in einen Topf. Gießen Sie den Wein darüber und erwärmen Sie den Glühwein auf 75 °C. Es empfiehlt sich der Einsatz eines Kochthermometers. Den Wein nun bei dieser Temperatur für 15 Minuten ziehen lassen, dabei gelegentlich umrühren.

2 Gießen Sie die Mischung durch ein Sieb, um die Gewürze herauszufiltern. Halten Sie den Glühwein bis zum Servieren warm oder füllen Sie ihn in eine sterile Glasflasche. Servieren Sie Glögg mit blanchierten, geschälten Mandeln und Rosinen.

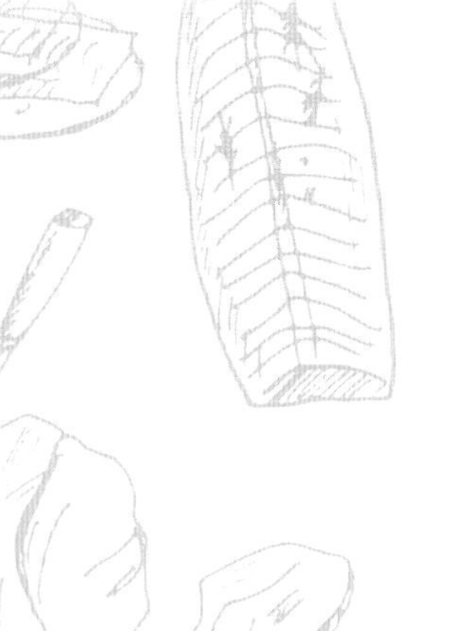

# PUNSCH

25 Port. | 20 Min. + 2 Wochen Ziehzeit | Leicht

**Zutaten**

800 ml Wasser
660 g Zucker
900 ml Alkohol, ca. 40 % (z. B. Prima Sprit von Lautergold)
37 cl Weißwein oder Zitronensaft nach Geschmack
100 ml starker Tee oder Zuckerkulör (erhältlich in der Apotheke) zur Färbung
35 cl Extra Feiner Arrak

**Nährwerte p. P.**

*232 kcal*
*27 g Kohlenhydrate*
*0 g Eiweiß*
*0 g Fett*

1 Erhitzen Sie das Wasser in einem Topf, lösen Sie den Zucker darin auf und lassen Sie es wieder leicht abkühlen. Mischen Sie den Arrak, den Alkohol und den Weißwein (oder den Zitronensaft) in das Zuckerwasser. Schmecken Sie ab, ob die Mischung Ihren Vorstellungen entspricht. Färben Sie es mit Tee oder vorsichtig mit ein paar Tropfen Zuckerkulör.

2 Gießen Sie die Mischung in sterile Gläser oder Schnappverschlussflaschen und lassen Sie sie an einem kühlen, dunklen Ort für mindestens zwei Wochen ziehen.

# SWEDISCH MULE

1 Port.

5 Min.

Leicht

**Zutaten**

5 cl O.P. Anderson Original Aquavit
200 ml Ingwerbier oder Ginger Ale
ein paar Ingwerscheiben
½ unbehandelte Limette
Eiswürfel

**Nährwerte p. P.**

*123 kcal*
*11 g Kohlenhydrate*
*2 g Eiweiß*
*0 g Fett*

1 Die Limette in Spalten schneiden, den Ingwer schälen und in dünne Scheiben schneiden.

2 Eiswürfel in ein Glas geben, den Aquavit eingießen und mit dem Ginger Beer auffüllen.

3 Den Ingwer und die Limette mit ins Glas geben und mit einer Limettenspalte dekorieren.

BLÅBÄRSSHOT

# BLAUBEERSUPPE MIT „SCHUSS“

1 Port. 5 Min. Leicht

**Zutaten**

4 cl Licor 43, gekühlt oder zimmerwarm
2 cl Blaubeersuppe, gekühlt oder warm
2 EL leicht geschlagene Sahne

**Nährwerte p. P.**

*61 kcal*
*3 g Kohlenhydrate*
*0 g Eiweiß*
*5 g Fett*

1 Schlagen Sie die Sahne auf, geben Sie den Licor 43 zuerst in das Schnapsglas, löffeln Sie dann vorsichtig die Blaubeersuppe darauf (passen Sie auf, dass sich die Schichten nicht vermischen) und toppen Sie das Getränk mit der Sahne.

SOMMARSNAPS

# SCHNAPS MIT SOMMERFRÜCHTEN

2 Flaschen

5 Min. + 4 Std. Ziehzeit

Leicht

**Zutaten**

750 ml Wodka
400 g gefrorene Brombeeren
400 g gefrorene Erdbeeren
200 g gefrorene Himbeeren
200 g gefrorene Blaubeeren
1 Limette oder eine Vanilleschote
2 - 3 Zuckerwürfel

**Nährwerte p. P.**

*130 kcal*
*9 g Kohlenhydrate*
*1 g Eiweiß*
*0 g Fett*

1 Gießen Sie den Wodka in einen großen Krug und geben Sie alle gefrorenen Beeren hinzu. Schneiden Sie die Limette in Spalten (oder schneiden Sie wahlweise die Vanilleschote auf und kratzen Sie das Mark heraus) und legen Sie sie in den "Beeren-Wodka".

2 Lassen Sie alles für eine Stunde ziehen. Rühren Sie gelegentlich um und zerdrücken Sie die Beeren und die Limette von Zeit zu Zeit mit einer Gabel.

3 Nach insgesamt zwei Stunden geben Sie die Zuckerwürfel nach und nach hinzu und kosten den Wodka zwischendurch. Er sollte nicht zu süß werden. Decken Sie den Krug mit einem Wachstuch oder einem Baumwolltuch ab.

4 Nach insgesamt vier Stunden ist der Schnaps fertig aromatisiert.

5 Gießen Sie die Früchte ab, fangen Sie den Wodka auf und geben Sie ihn zurück in den Krug.

6 Genießen Sie den Sommerschnaps auf Eis.

KRUSBÄRSSNAPS

# STACHELBEERSCHNAPS

1 Flasche á 500 ml

5 Min. + 1 Woche Ziehzeit

Leicht

**Zutaten**

500 ml Wodka oder Renat
1 Tasse rote Stachelbeeren
150 g Zucker

**Nährwerte p. P.**

*125 kcal*
*7 g Kohlenhydrate*
*0 g Eiweiß*
*0 g Fett*

1 Geben Sie die sauberen Stachelbeeren in eine sterile Flasche. Lassen Sie den Zucker einrieseln und füllen Sie mit dem Wodka auf. Verschließen Sie die Flasche und bewahren Sie den Schnaps für mindestens eine Woche an einem kühlen, dunklen Ort auf. Drehen Sie die Flasche einmal täglich um.

2 Seihen Sie nach einer Woche die Stachelbeerreste ab und füllen Sie den geklärten Schnaps in sterile Flaschen. Den Krusbärssnaps am besten eisgekühlt genießen.

VINBÄRSSPRIT

# SCHWEDISCHER JOHANNISBEERLIKÖR

1 Flasche á 1 l. | 15 Min. + 2 Monate Ziehzeit | Leicht

**Zutaten**

300 g Schwarze Johannisbeeren
200 g rote Johannisbeeren
100 g Himbeeren
225 g Rohrzucker
1 l Weinbrand (mind. 40 %)

**Nährwerte p. P.**

*143 kcal*
*11 g Kohlenhydrate*
*0 g Eiweiß*
*0 g Fett*

1 Waschen Sie die gepflückten Beeren vorsichtig und lassen Sie sie auf Küchenkrepp trocknen. Geben Sie die Beeren in eine Schüssel und zerstampfen Sie die Früchte zu einem Brei.

2 Füllen Sie die Beeren mit Hilfe eines Trichters in die sterile Falsche, lassen Sie den Zucker einrieseln und füllen Sie mit dem Weinbrand auf. Verschließen Sie die Flasche sorgfältig und lagern Sie den Likör für zwei Monate an einem kühlen, dunklen Ort. Drehen Sie die Flasche gelegentlich um, wann immer Sie gerade einmal daran denken.

3 Nach der zweimonatigen Wartezeit muss die Frucht-Likör-Masse durch ein Tuch gefiltert werden, sodass nur noch der Likör übrigbleibt. Den gefilterten Johannisbeerlikör in eine schöne, gut verschließbare Flasche abfüllen. Genießen Sie Ihren Vinbärssprit pur oder auf Eis.

KAFFE KARLSSON

# SCHWEDISCHER KAFFEE MIT LIKÖR

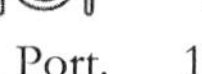

1 Port. 10 Min. Leicht

**Zutaten**

30 ml Baileys
30 ml Cointreau
150 ml frisch gebrühter, starker Kaffee
Eiswürfel
etwas Sprühsahne (alternativ selbst geschlagene Sahne) und geraspelte Schokolade oder Kakaopulver als Garnitur

**Nährwerte p. P.**

*212 kcal*
*11 g Kohlenhydrate*
*1 g Eiweiß*
*15 g Fett*

1 Kochen Sie frischen Kaffee, geben Sie Eiswürfel in ein hohes Glas und geben Sie den Baileys sowie den Cointreau hinein.

2 Gießen Sie den Kaffee hinzu, lassen Sie mindestens einen Fingerbreit Platz bis zum Rand.

3 Sprühen Sie eine Sahnehaube auf das Getränk und dekorieren Sie es mit der geraspelten Schokolade oder bestäuben Sie die Sahne mit etwas Kakaopulver.

Drycker utan alkohol

# Getränke ohne Alkohol

LINGONDRICKA

# PREISELBEERGETRÄNK

1 gr. Flasche | 15 Min. | Leicht

**Zutaten**

1,6 kg Preiselbeeren
1 l Wasser
optional: 3 EL Zucker

**Nährwerte p. P.**

*41 kcal*
*8 g Kohlenhydrate*
*0 g Eiweiß*
*0 g Fett*

1 Setzen Sie einen Topf mit dem Wasser auf, geben Sie die Preiselbeeren hinein und kochen Sie die Fruchtmischung für etwa fünf Minuten. Entfernen Sie mit einem Schaumlöffel den Schaum und zerdrücken Sie die Beeren leicht mit einem Löffel. Seihen Sie die Preiselbeeren gründlich ab.

2 Wenn Sie möchten, können Sie jetzt den Zucker hinzufügen. Kochen Sie die Flüssigkeit und den Zucker für weitere fünf Minuten. Entfernen Sie erneut den Schaum.

3 Gießen Sie den Saft in sterile Flaschen. Denken Sie daran, die Flaschen nicht allzu voll zu machen. Lagern Sie den Lingondricka im Kühlschrank.

HALLONSAFT

# HIMBEERSAFT

1 gr. Flasche | 20 Min. | Leicht

## Zutaten

400 g Himbeeren
1 l Wasser
300 g Zucker

## Nährwerte p. P.

*176 kcal*
*41 g Kohlenhydrate*
*1 g Eiweiß*
*0 g Fett*

1 Mischen Sie die Beeren und das Wasser in einem Topf, bringen Sie es zum Kochen und köcheln Sie es für etwa zehn Minuten. Zerdrücken Sie die Beeren währenddessen leicht. Bei Bedarf nehmen Sie den Schaum mit einem Schaumlöffel ab.

2 Seihen Sie die Flüssigkeit ab und fangen Sie sie auf. Geben Sie den Fruchtsaft in einen sauberen Topf, rühren Sie den Zucker ein und köcheln Sie den Saft so lange, bis der Zucker sich vollständig aufgelöst hat.

3 Füllen Sie den Saft in gut gereinigte Flaschen.

4 Der Saft hält etwa zwei Wochen im Kühlschrank. Wenn Sie ihn einfrieren, hält er wesentlich länger.

KRYDDIG VARM SAFT

# HEIẞER GEWÜRZSAFT

4 Port.

15 Min.

Leicht

**Zutaten**

250 ml Saft (z. B. Apfelsaft)
750 ml Wasser
2 Orangen
1,5 Prisen ganze Nelken
1,5 Prisen Kardamomkörner
2 ganze Zimtstangen
4 Sternanis

**Nährwerte p. P.**

*138 kcal*
*29 g Kohlenhydrate*
*2 g Eiweiß*
*1 g Fett*

1 Pressen Sie die Orangen aus und stellen Sie den Saft beiseite. Bringen Sie das Wasser in einem Topf zum Kochen und geben Sie die Nelken, die Kardamomkörner, die Zimtstangen und den Sternanis hinein.

2 Die Gewürzmischung für zehn Minuten lebhaft kochen. Reduzieren Sie nun die Hitze und rühren Sie den Apfel- und den Orangensaft ein. Die Mischung sollte jetzt nicht mehr kochen! Für fünf Minuten ziehen lassen, dann die Gewürze herausnehmen.

3 Servieren Sie den heißen Gewürzsaft in Tassen oder Gläsern oder füllen Sie ihn in eine sterile Flasche ab.

Såser, krämer och dippar

# Soßen, Cremes & Dips

DILL-OCH SENAPSSÅS

# DILL-SENF-SOẞE

4 Port. 15 Min. Leicht

**Zutaten**

300 ml Sahne
3 EL Dijon-Senf
100 ml Mayonnaise
3 EL fein gehackter Dill
1 Prise Salz
frisch gemahlener schwarzer Pfeffer
1 TL Zitronensaft

**Nährwerte p. P.**

*377 kcal*
*3 g Kohlenhydrate*
*2 g Eiweiß*
*35 g Fett*

1 Waschen und hacken Sie den Dill. Geben Sie ihn zusammen mit der Sahne und dem Senf in einen Topf und rühren Sie die Zutaten glatt.

2 Beginnen Sie, die Soßenbasis langsam zu erwärmen, ohne dass sie kocht. Rühren Sie nun mit einem Schneebesen die Mayonnaise und den Zitronensaft ein. Schmecken Sie mit Salz und Pfeffer ab. Bei geringer Hitze und unter gelegentlichem Rühren zehn Minuten ziehen lassen.

3 Servieren Sie die Soße zu geräuchertem Lachs, gegrilltem oder gedünstetem Fisch und Kartoffeln.

LINGONDRESSING

# PREISELBEERDRESSING

4 Port. (1 Schüssel Salat)

15 Min.

Leicht

**Zutaten**

100 g Preiselbeeren
1 unbehandelte Orange, Zesten und Saft davon
2 EL Ahornsirup
1 EL Rotweinessig
50 ml Olivenöl
Salz und schwarzer Pfeffer

**Nährwerte p. P.**

*136 kcal*
*5 g Kohlenhydrate*
*0 g Eiweiß*
*13 g Fett*

1 Waschen Sie die Orange, reiben Sie die Schale ab und pressen Sie den Saft heraus. Geben Sie das Öl und den Essig in eine Schüssel und verrühren Sie beides zu einem samtigen Dressing.

2 Fügen Sie den Ahornsirup hinzu und rühren Sie kräftig weiter. Geben Sie nun die Preiselbeeren, den Orangensaft und die Zesten hinzu und schmecken Sie mit Salz und Pfeffer ab.

3 Lingondressing eignet sich perfekt für grüne Salate oder als Dip für Köttbullar.

## VILD VITLÖKSAIOLI

# AIOLI MIT WILDKNOBLAUCH

Wildknoblauch, besser bekannt als Bärlauch, ist nicht nur in Schweden eine leicht verfügbare Delikatesse. Er erobert mit seinem intensiven, aber weniger scharfen Aroma auch zunehmend unsere Küchen. Beim Sammeln sollten Sie sich Ihrer Sache allerdings sehr sicher sein, denn Bärlauch hat auch ein paar giftige Doppelgänger. Wenn man weiß, worauf es zu achten gilt, fällt die Unterscheidung aber gar nicht so schwer. Sollten Sie sich nicht sicher sein, greifen Sie auf Bärlauch aus dem Supermarkt oder vom Gemüsehändler Ihres Vertrauens zurück.

# AIOLI MIT WILDKNOBLAUCH

 8 Port.  10 Min.  Leicht

**Zutaten**

3 Eigelb
1 EL Essig ohne Kräutereinlage
1 EL mittelscharfer Senf
2 Prisen Salz
1 Prise weißer Pfeffer
350 ml neutrales Öl
2 Blätter Wildknoblauch (Bärlauch) pro 100 ml Mayonnaise
alternativ 1 Knoblauchzehe pro 100 ml Mayonnaise

**Besonderes Equipment:**

Stabmixer oder Standmixer

**Nährwerte p. P.**

*390 kcal*
*1 g Kohlenhydrate*
*2 g Eiweiß*
*42 g Fett*

1 Vorweg: Alle verwendeten Zutaten sollten Raumtemperatur haben.

2 Schlagen Sie die Eigelbe in ein hohes Gefäß, geben Sie den Essig, das Salz, den Pfeffer und den Senf hinzu und verrühren Sie die Zutaten. Beginnen Sie, mit dem Stabmixer die Zutaten zu verquirlen und tröpfeln Sie zunächst nur langsam das Öl hinein. Mixen Sie gleichmäßig weiter, bis die Mischung zu verdicken beginnt.

3 Nun können Sie das Öl in einem dünnen Strahl einlaufen lassen. Kräftig weitermixen, bis die Aioli die gewünschte Konsistenz erreicht hat. Waschen Sie den Bärlauch und schütteln Sie ihn trocken.

4 Nun können Sie entscheiden, ob Sie ihn mit in die Aioli geben und durchmixen oder ob Sie ihn lieber sehr fein gehackt in die Mayonnaise geben möchten. Geben Sie so viel Bärlauch hinein, wie Ihnen beliebt, je nachdem, welch intensiven Geschmack Sie wünschen.

5 Wildknoblauchaioli schmeckt hervorragend zu gegrilltem Fleisch oder Gemüse.

GRÄDDFILSSÅS

# KRÄUTER-SAUERRAHM-DIP

6 Port. | 5 Min. + 30 Min Ziehzeit | Leicht

**Zutaten**

200 g Sauerrahm (Gräddfil)
½ TL Salz
2 TL Honig
45 g Meerrettich aus dem Glas (kein Sahnemeerrettich!)
5 EL gehackter Schnittlauch
1 EL Zitronensaft

**Nährwerte p. P.**

*56 kcal*
*4 g Kohlenhydrate*
*1 g Eiweiß*
*4 g Fett*

1 Waschen Sie den Schnittlauch und schneiden Sie ihn in feine Ringe. Vermengen Sie mit Hilfe eines Schneebesens den Sauerrahm, den Honig und den Meerrettich zu einer cremigen Masse. Heben Sie den Schnittlauch unter und schmecken Sie mit Salz und Zitronensaft ab. Den Dip für 30 Minuten im Kühlschrank durchziehen lassen.

2 Reichen Sie den Dip zu gegrilltem Fleisch, gegrilltem Gemüse oder Rohkost. Auch zu gegrilltem Fisch ist er sehr delikat.

HOVMÄSTARSÅS

# SOßE ZU GRAVED LACHS

8 Port. 10 Min. Leicht

**Zutaten**

1 EL Dijon-Senf (am besten von Grey Poupon)
2 EL schwedischer Senf
3 EL brauner Zucker
2 EL Rotweinessig
1 EL Sojasoße
½ TL Worcestershire-Sauce
150 ml Rapsöl
4 EL gehackter Dill
Salz und frisch gemahlener weißer Pfeffer
ggf. 3 EL frischen, abgekühlten Kaffee oder Espresso

**Nährwerte p. P.**

*184 kcal*
*6 g Kohlenhydrate*
*1 g Eiweiß*
*17 g Fett*

1 Geben Sie die beiden Senfsorten in eine Schüssel. Rühren Sie mit einem Schneebesen die Sojasoße, den Essig, die Worchestersauce und den braunen Zucker ein, bis sich alles schön vermischt hat.

2 Gießen Sie unter kräftigem Rühren zuerst das Öl tropfenweise ein, dann in einem dünnen Strahl, bis eine dicke Soße entsteht. Heben Sie nun den Dill unter und schmecken Sie mit Salz und Pfeffer ab.

3 Für einen besonderen Twist fügen Sie ein paar Esslöffel kalten Espresso oder dunkel gerösteten, frisch gebrühten, abgekühlten Filterkaffee hinzu. Dies verleiht der Soße eine schwerere, kräftigere Note. Kaffee und Lachs sind eine ausgezeichnete Geschmackskombination.

BRUNA BÖNOR

# BRAUNE BOHNENSOSSE

4 Port. | 40 Min. + 9 Std. Quell-zeit | Leicht

## Zutaten

400 g braune Bohnen, Trockenware
2 EL Kartoffelmehl
4 EL heller Zuckersirup (Ljus Sirap)
3 EL Essigessenz (12 %)
1 l Wasser
1 TL Salz

## Nährwerte p. P.

*59 g kcal*
*59 g Kohlenhydrate*
*20 g Eiweiß*
*2 g Fett*

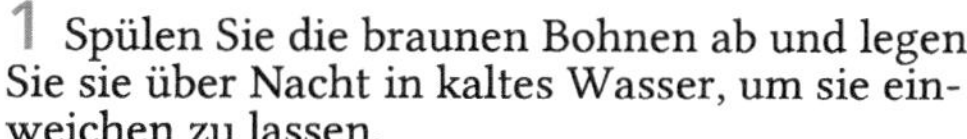

1 Spülen Sie die braunen Bohnen ab und legen Sie sie über Nacht in kaltes Wasser, um sie einweichen zu lassen.

2 Am folgenden Tag gießen Sie das Einweichwasser ab und geben die Bohnen in einen großen Topf. Fügen Sie einen Liter Wasser hinzu.

3 Die braunen Bohnen sollten dann für 45 Minuten langsam gekocht werden. Dies geschieht am besten bei reduzierter Hitze und unter einem Deckel. Nach Ende der anberaumten Kochzeit kosten Sie eine Bohne. Sie sollte zart sein und Anzeichen des Aufplatzens zeigen. Eventuell dauert dieser Vorgang etwas länger, möglicherweise bis zu 75 Minuten. Rühren Sie von Zeit zu Zeit um und fügen Sie, falls notwendig, zusätzliches Wasser hinzu, um sicherzustellen, dass die Bohnen stets ausreichend bedeckt sind.

4 Sobald die Bohnen die gewünschte Konsistenz erreicht haben, gießen Sie einen Teil des Kochwassers ab. Jedoch sollten Sie bitte so viel Kochwasser aufbewahren, dass die Bohnen weiterhin ausreichend bedeckt sind.

5 Nehmen Sie eine kleine Schüssel zur Hand, lösen Sie das Kartoffelmehl in einer kleinen Menge Wasser auf und gießen Sie es unter ständigem Rühren in die kochenden braunen Bohnen. Die Bohnensoße sollte nun eine sämige Konsistenz erhalten.

6 Würzen Sie die braunen Bohnen nach Ihrem Geschmack mit Essig, Sirup, weißem Pfeffer und Salz.

7 Servieren Sie Bruna Bönor zu Prinskorv („Prinzenwurst") oder Köttbullar. Bruna Bönor schmeckt auch gut mit gebratenem Bauchspeck, gebratener Fleischwurst, Fleischbällchen oder in einer vegetarischen Variante mit Veggiebällen oder gebratenem Halloumikäse.

8 Gekochte Kartoffeln und ein wenig grüner Salat sowie geriebene Karotten schmecken ebenso gut dazu.

**Tipp:** Weihnachtliche Schokotrüffel erhalten Sie, indem Sie das Chilipulver durch Zimt, Sternanis, Kardamom und gemahlener Tonkabohne ersetzen. Auch fein ist etwas Whiskey oder Rum im Rezept.